Das hast du gelernt

Erdöl und Erdgas – fossile Bodenschätze

viele Mio. Jahre

Luftabschluss, Druck, hohe Temperatur

Rohöl

Energieträger

Ausgangsstoff der chemischen Indu...

6,6 %

Löse mit Köpfchen

1. Nachgedacht
Informiert euch über Erdöllagerstätten auf dem Gebiet der Bundesrepublik Deutschland und die Eigenschaften dieses Erdöls. Bereitet euch auf eine Debatte zum Thema „Pro und Kontra zur Förderung von Erdöl aus eigenen Lagerstätten" vor.

2. Nachgefragt
a) Erdgas und Produkte der Erdölaufbereitung werden als Brennstoffe genutzt. Befrage Mitschüler, Nachbarn und Verwandte, wie ihre Wohnung geheizt wird.
Stelle die Ergebnisse der Befragung in einem Diagramm dar.
b) Stelle unterschiedliche alternative

6. Formel gesucht?
Weder Erdöl noch Erdgas können durch eine einheitliche chemische Formel beschrieben werden. Begründe diesen Sachverhalt. ✏ / S. 67

7. Auf die Eigenschaften kommt es an
Obwohl die einzelnen Erdölfraktionen Gemische aus Kohlenwasserstoffen sind, unterscheiden sie sich teilweise erheblich in ihren Eigenschaften. Verwechslungen können fatale Folgen haben:

Wiesbaden – Durch einen tragischen Irrtum sind eine 17 Jahre und eine 26 Jahre alte Bewohnerin eines Mietshauses sowie das Kind der älteren Frau ums Leben gekommen. Die jüngere Hausbewohnerin hatte ihren Ölofen versehentlich mit Benzin statt mit Diesel gefüllt und damit eine Explosion ausgelöst. Die gewaltige Explosion überraschte die Hausbe...

Löse mit Köpfchen
Durch vielfältige und interessante Aufgaben kannst du erworbene Kenntnisse wiederholen und anwenden.

Das hast du gelernt
Du erhältst einen Überblick über wesentliche Inhalte mehrerer Themenseiten.

Teste dich selbst
Hier kannst du dein Wissen selbstständig überprüfen. Die Lösungen findest du im Anhang des Lehrbuchs.

Ziel erreicht
Du erhältst einen Überblick über wichtige Inhalte des gesamten Lehrbuchs und trainierst das Lösen komplexer Aufgaben.

Schwefelsäure – das „Blut" der Chemie

6 Teste dich selbst

Bei manchen Wahlaufgaben gibt es mehrere richtige Antworten. Die Lösungen findest du auf S. 219.

Wähle aus.

1 Eine Flüssigkeit wird zu entwässertem Kupfer(II)-sulfat gegeben. Das Nachweismittel färbt sich blau.

Bei der Flüssigkeit kann es sich um
A Essig,
B Wasser,
C Speiseöl
handeln.

4 Brigitte will ihren schwarz angelaufenen Silberring säubern und legt ihn in stark verdünnte Schwefelsäure. Was passiert?
A Brigitte sieht Gasblasen aufsteigen, weil Silber mit Schwefelsäure reagiert und sich dabei Silbersulfat und Wasserstoff bilden.
B Brigitte sieht Gasblasen aufsteigen, weil der schwarze Überzug aus Silbercarbonat besteht und dieses mit Schwefelsäure rea...
C Es passiert gar nichts. Weder Silber noch der schwarze Belag aus Silbersulfid reagieren mit verdünnter Schwefelsäure.

Z Ziel erreicht

Roter Faden gesucht
Zu viel Neues? Zu viele einzelne Fakten? Dir fällt es schwer, Zusammenhänge zu erkennen? Versuche, den Blickwinkel

Symbole

Erkenntnisse gewinnen

Kommunizieren

Bewerten

S Schülerexperimente ohne Gefahrstoffe

S Schülerexperimente mit Gefahrstoffen

L Lehrerexperimente

Chemie – na klar!

Lehrbuch für die Klasse 10
Sachsen

Herausgeber
Dr. Adria Wehser

Duden Schulbuchverlag
Berlin

Autoren

Dr. Christine Ernst

Prof. Dr. habil. Armin Klein

Dr. Dagmar Pennig

Karin Scheel

Dr. Sven Scheurell

Dr. Jan-Markus Teuscher

Dr. Adria Wehser

Berater

Othmar Hartl, Meißen; Sylvia Neumann, Löbau

Redaktion Dr. Adria Wehser
Bildrecherche Dieter Ruhmke, Dr. Adria Wehser
Illustration Melanie Groger
Grafik Peter Friedl, Christiane Gottschlich, Christiane Mitzkus, Walther-Maria Scheid, Sybille Storch
Umschlaggestaltung zweiband media, Berlin
Layoutkonzept Schröder Design
Layout Marion Schneider, Berlin

www.duden-schulbuch.de

Dieses Werk enthält Vorschläge und Anleitungen für Untersuchungen und Experimente.
Vor jedem Experiment sind mögliche Gefahrenquellen zu besprechen. Beim Experimentieren
sind die Richtlinien zur Sicherheit im naturwissenschaftlichen Unterricht einzuhalten.
Das Buch setzt die neue EU-Verordnung zur Einstufung und Kennzeichnung von Chemikalien um
(Globally Harmonised System of Classification and Labelling of Chemicals, GHS).

1. Auflage, 2. Druck 2017

Alle Drucke dieser Auflage sind inhaltlich unverändert
und können im Unterricht nebeneinander verwendet werden.

© 2015 Cornelsen Schulverlag GmbH, Berlin
© 2017 Cornelsen Verlag GmbH, Berlin

Druck: Grafisches Centrum Cuno GmbH & Co. KG, Calbe

ISBN 978-3-8355-4524-3

PEFC zertifiziert

Dieses Produkt stammt
aus nachhaltig
bewirtschafteten Wäldern
und kontrollierten Quellen

PEFC

PEFC/04-31-1370   www.pefc.de

Inhaltsverzeichnis

1 Chemische Verbindungen in Lebensmitteln   8

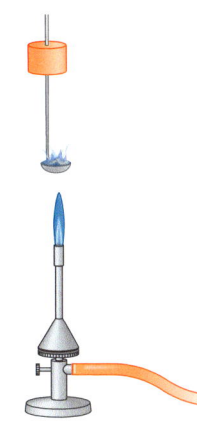

Kohlenhydrate als Nährstoffe 10
Kohlenhydrate – viel mehr als nur Zucker 10
Traubenzucker – geht sofort ins Blut............................... 12
➕ Wusstest du schon ... Aus zwei mach eins 14
Gestärkt in den Tag 16
➕ Wusstest du schon ... Enzyme bei der Arbeit 18
Erforsche es: Stärke... 19
Das hast du gelernt 20
Löse mit Köpfchen 21

Eiweiße als Nährstoffe 22
Mehr als nur Hühnerei 22
Moleküle des Lebens 24
➕ Wusstest du schon ... Vom Polypeptid zum Eiweiß 26
Empfindliche Eiweiße 28
Das hast du gelernt 30
Löse mit Köpfchen 31

Fette als Nährstoffe 32
Machen Fette nur dick? 32
Fett ist nicht gleich Fett 34
➕ Wusstest du schon ... Vom Öl zur Margarine 36
➕ Wusstest du schon ... Emulsionen in Küche und Bad............. 37
Das hast du gelernt 38
Löse mit Köpfchen 39

Wahlthema: Waschmittel 40
Seifen 40
Erforsche es: Waschmittel – die fleißigen Helfer 42

Teste dich selbst 44

2 Ordnen von Stoffen   46

Ordnung in der Vielfalt 48
Die Welt besteht aus Stoffen 48
Molekülsubstanz: Wasserstoff 50
Sonderfall Wasser 52

Ionensubstanz: Kochsalz 54
Metall: Aluminium 56
Stoffe kann man ordnen 58
Das hast du gelernt 60
Löse mit Köpfchen 61

Teste dich selbst 62

③ Experimentelles Untersuchen von chemischen Reaktionen 64

Nachweis ausgewählter Ionen 66
Nachweis ausgewählter organischer Stoffe 67
Erforsche es: Säuren und Basen im Visier 68
Erforsche es: Säuren und Salze im Visier 68
Erforsche es: Lebensmittel im Test 69
Erforsche es: Saure Lösungen im Test 70
Erforsche es: Citronensäure – eine Säure des Alltags 71
Erforsche es: Kann Regen sauer sein? 72
Erforsche es: Rohrreiniger im Test 73
Erforsche es: Vom Metall zum Hydroxid 73

④ Chemische Reaktionen und ihr Nutzen in der Lebenswelt 74

Vielfalt chemischer Reaktionen 76
Chemische Reaktionen in Natur und Technik 76
So kannst du vorgehen: Anfertigen einer Mindmap 77
Merkmale chemischer Reaktionen 78
Stoffumsatz bei chemischen Reaktionen 80
Wahlthema: Silicium 82
Das hast du gelernt 84
Löse mit Köpfchen 85

Chemische Reaktionen im Griff 86
Schnelle und langsame Reaktionen 86
Mehr Tempo 88
Erforsche es: Enzyme als Biokatalysatoren 91
Das hast du gelernt 92
Löse mit Köpfchen 93

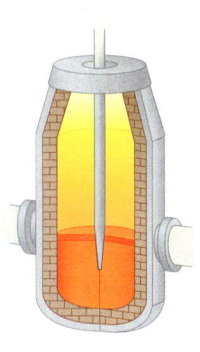

Chemisch-technische Verfahren **94**
Vom Luftstickstoff zum Ammoniumsalz 94
➕ Wusstest du schon ... Kein Anspruch auf Vollständigkeit 97
Wahlthema: Düngemittel **98**
🟠 So kannst du vorgehen: Erklären 101
Vom Schwefel zur Schwefelsäure 102
Technische Herstellung von Stahl 105
Technische Herstellung von Branntkalk – Kalkbrennen 106
Löse mit Köpfchen **107**

Chemie und Umwelt **108**
Chemie in der Diskussion 108
🟠 So kannst du vorgehen: Bewerten 109
Biochemische Reaktionen 110
Schadstoffe in der Luft 112
➕ Wusstest du schon ... Dicke Luft durch Stickstoffoxide 114
➕ Wusstest du schon ... Abgasreinigung in Großfeuerungsanlagen 115
CKW, FCKW und Halone – Ozonkiller aus der Dose? 116
🟠 So kannst du vorgehen: Arbeit in Projekten 118
🟠 So kannst du vorgehen: Präsentieren von Ergebnissen 119
Das hast du gelernt **120**
Löse mit Köpfchen **121**

Teste dich selbst **122**

Ziel erreicht   124

Überblick „Stoffe und Teilchen", „Struktur und Eigenschaften" 126
Überblick „Energie" 128
Überblick „Chemische Reaktion" 130
Ausgewählte Methoden 132
Trainiere mit Methode 134

Anhang 138

Hinweise zur Arbeit mit Gefahrstoffen 140
Liste der Gefahrstoffe nach der GHS-Verordnung 144
Register 148
Bildquelle 152

≡ So kannst du vorgehen

Anfertigen einer Mindmap 77
Erklären 101
Bewerten 109
Arbeiten in Projekten 118
Präsentieren von Ergebnissen 119

Wahlthemen

Waschmittel 40
Silicium 82
Düngemittel 98

1 Chemische Verbindungen in Lebensmitteln

Inhaltsstoffe unserer Lebensmittel

Kohlenhydrate, Fette und Eiweiße sind für uns wichtige Nährstoffe. Wir müssen sie in einem ausgewogenen Verhältnis mit unserer Nahrung aufnehmen. Studiere die Inhaltsangaben auf den Etiketten von verschiedenen Lebensmitteln. Notiere jeweils, in welchen Mengen die drei Nährstoffe enthalten sind. Erstelle dazu eine tabellarische Übersicht.

Energiespender Traubenzucker

Fühlen wir uns müde, wirkt ein Stück Traubenzucker (Glucose) manchmal Wunder. Auch Sportler greifen vor dem Training gern darauf zurück, um Energie aufzutanken. Warum liefert Traubenzucker besonders schnell Energie?

Energiespeicher Fett

Fette spielen in unserem Stoffwechsel eine wichtige Rolle. Unser Organismus wandelt die nicht benötigten Nährstoffe in körpereigene Fette um. Sie dienen als Energiereserve für schlechte Zeiten, denn Fette sind noch energiereicher als Kohlenhydrate und Eiweiße. Doch zu viel Körperfett kann zu gesundheitlichen Schäden führen. Erkläre diesen Zusammenhang.

Eiweiß ist nicht gleich Eiweiß

Eine ausgewogene Ernährung soll 10 bis 15 % Eiweiße enthalten. Die mit der Nahrung aufgenommenen Eiweiße sind jedoch aus biologischer Sicht nicht gleichwertig. Erkläre die unterschiedliche biologische Wertigkeit.

Was ist denn eine biologische Wertigkeit?

Kohlenhydrate als Nährstoffe

Kohlenhydrate – viel mehr als nur Zucker

Kohlenhydrate finden wir überall in der Natur. Warum sind diese Verbindungen so wichtig?

Kohlenhydrate werden zwar landläufig auch als **Zucker** bezeichnet, sind aber nicht nur zum Süßen da. Sie dienen als wichtige Nährstoffe, versorgen den Körper schnell mit Energie oder speichern Energie in den Zellen.

Außerdem sind die Kohlenhydrate am Aufbau pflanzlicher und tierischer Zellen beteiligt. Pflanzen enthalten anteilig viel mehr Kohlenhydrate als Tiere, weil sie Kohlenhydrate als Bau- und Gerüstsubstanz benötigen.

Auch für unsere Ernährung sind die energiereichen Stoffe unverzichtbar. Im Laufe unseres Lebens verbrauchen wir fast 15 000 kg Kohlenhydrate.

Wie die Ernährungspyramide zeigt, besteht eine ausgewogene Ernährung aus 50 – 60 % Kohlenhydraten, 10 – 15 % Eiweißen und 20 – 30 % Fetten.

Nehmen wir mehr Kohlenhydrate zu uns als unser Körper benötigt, werden sie in Fett umgewandelt und gespeichert. Das führt zu unangenehmen Fettpolstern und in der Folge zu Diabetes (Zuckerkrankheit) sowie Herz-Kreislauf-Erkrankungen.

> Kohlenhydrate gehören als Energielieferanten und Baustoffe zu den grundlegenden Bestandteilen aller Lebewesen.

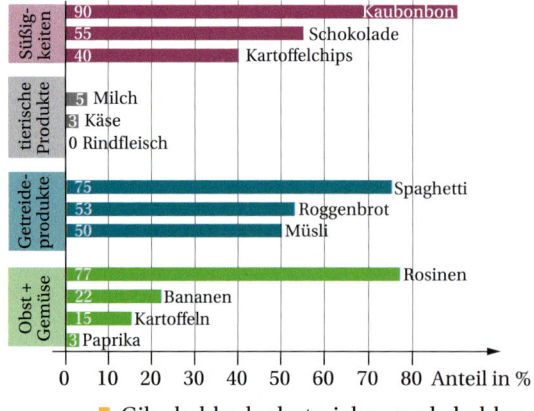

🟧 Gib kohlenhydratreiche und kohlenhydratarme Nahrungsmittel an.

🟧 Interpretiere die Grafik zur gesunden Ernährung.

Alle Kohlenhydrate bestehen aus den Elementen Kohlenstoff, Wasserstoff und Sauerstoff. Wasserstoff und Sauerstoff sind meistens im Verhältnis 2 : 1 vorhanden. Deshalb kann die allgemeine Formel für die Zusammensetzung der Kohlenhydrate mit $C_x(H_2O)_y$ angegeben werden.

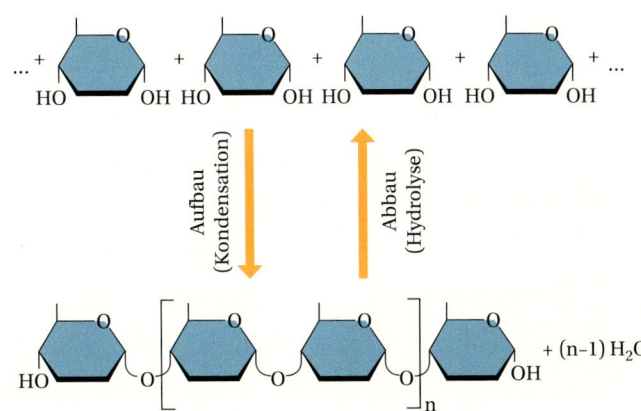

Nach der Zahl der Baueinheiten pro Molekül unterscheiden wir Einfach-, Zweifach- und Vielfachzucker. Sie werden in der Fachsprache Mono-, Di- und Polysaccharide genannt.

▌ Definiere die Begriffe Mono-, Di- und Polysaccarid.

Durch chemische Verknüpfung der Moleküle von Monosacchariden entstehen Disaccharide und Polysaccharide.

S Erforsche es

Energielieferant Traubenzucker

Vorbereitung:
Materialien: Brenner, Verbrennungslöffel, Traubenzucker, Asche

Durchführung:
Vermische 2 g Traubenzucker mit etwas Asche. Entzünde das Gemisch mit dem Brenner im Verbrennungslöffel.

Beobachtung und Auswertung:
Schlussfolgere aus deinen Beobachtungen, ob es sich um eine exotherme oder endotherme Reaktion handelt. Diskutiere mit deinem Lernpartner, ob sich Traubenzucker als Energielieferant für unseren Körper eignet.

▌ Polysaccharide bestehen aus vielen Bausteinen von Monosacchariden.

Polysaccharide, die u. a. in Mehl enthalten sind, lassen sich auch wieder zu Di- oder Monosacchariden spalten. Das geschieht z. B. bei der Verdauung von Brot in unserem Körper.

● Kohlenhydrate besitzen die allgemeine Formel $C_x(H_2O)_y$. Sie werden in Mono-, Di- und Polysaccharide unterteilt.

Aufgaben

1 — a) Nenne jeweils ein Mono-, ein Di- und ein Polysaccharid. Gib an, wo die Verbindungen vorkommen und welche Eigenschaften sie aufweisen.
   b) Erstelle eine Übersicht über die Einteilung der Zucker.
2 — Sieh dich zu Hause in der Küche um. Finde drei Kohlenhydrate und nenne jeweils ihren Verwendungszweck.
3 — Informiere dich über die Ursachen und Behandlungsmethoden der Zuckerkrankheit *(Diabetes mellitus)*. Erarbeite dazu einen Vortrag.

Kohlenhydrate als Nährstoffe

Traubenzucker – geht sofort ins Blut

Viele Obstsorten, aber auch Powerriegel aus dem Supermarkt enthalten Traubenzucker. Finde die Bedeutung dieses Zuckers heraus.

Steckbrief

Glucose (Traubenzucker $C_6H_{12}O_6$)

Eigenschaften:
fest, farblos, geruchlos, sehr gut in Wasser löslich, süß schmeckend
Dichte: 1,54 g/cm³
Schmelztemperatur: 146 °C

Struktur:
Kettenform

Ringform

Struktursymbol

Vorkommen:
– frei in Früchten, Honig, Blut;
– Grundbaustein vieler anderer Kohlenhydrate

Bedeutung:
– Stoffwechselzwischenprodukt und wichtigster Energielieferant der Körperzellen
– Süßstoff, Energielieferant, Ausgangsstoff in der Biotechnologie

Traubenzucker ist uns aus dem Alltag auch als **Glucose** oder **Dextrose** bekannt. Dieses Monosaccharid mit der **Summenformel $C_6H_{12}O_6$** kommt in der Natur z. B. in Früchten oder Honig vor und ist, chemisch gebunden, Bestandteil vieler anderer Kohlenhydrate.

Glucose spielt eine zentrale Rolle in den Stoffwechselvorgängen fast aller Lebewesen. Der energiereiche Stoff wird durch **Fotosynthese** in den Blättern grüner Pflanzen aus Kohlenstoffdioxid und Wasser gebildet.

Menschen und Tiere nehmen das Monosaccharid mit der Nahrung auf. Es entsteht auch als Zwischenprodukt bei Stoffumwandlungen in unserem Körper.

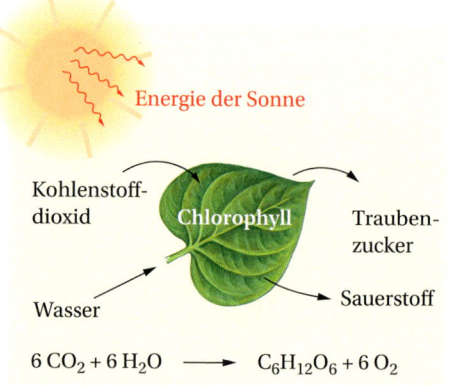

Energie der Sonne

Kohlenstoffdioxid

Chlorophyll

Traubenzucker

Wasser

Sauerstoff

$6\,CO_2 + 6\,H_2O \longrightarrow C_6H_{12}O_6 + 6\,O_2$

■ Beschreibe die Energieumwandlung bei der Fotosynthese.

Deshalb enthält das menschliche Blut etwa 0,1 % Traubenzucker. Es transportiert den Energielieferanten in alle Körperzellen. Dort lässt sich die Glucose sehr schnell in Kohlenstoffdioxid und Wasser umwandeln.

Die exotherme Reaktion wird in der Biologie Zellatmung genannt. Dabei wird die Energie frei, die wir für all unsere Lebensprozesse benötigen.

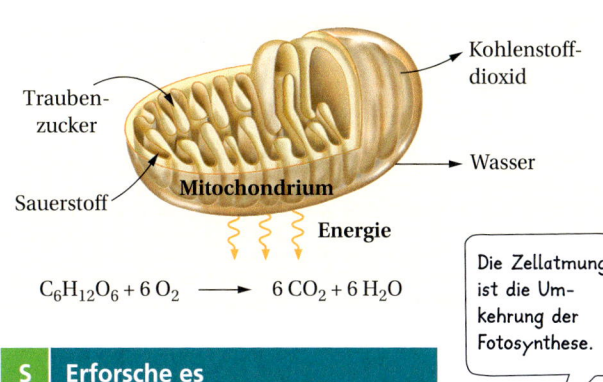

$$C_6H_{12}O_6 + 6\,O_2 \longrightarrow 6\,CO_2 + 6\,H_2O$$

Die Zellatmung ist die Umkehrung der Fotosynthese.

▌ Vergleiche Fotosynthese und Zellatmung miteinander. Gib die Reaktionsgleichungen an.

Überschüssige Glucose wird von den Lebewesen in Polysaccharide, z. B. in Stärke, oder in Fette umgewandelt. Diese Energiespeicher sind im Gegensatz zur Glucose nicht in Wasser löslich.

Die gute Wasserlöslichkeit und der süße Geschmack des Monosaccharids beruhen u. a. auf den vielen Hydroxylgruppen im Molekül.

Daneben enthält das kettenförmige Glucosemolekül noch eine Aldehydgruppe. Deshalb kann Glucose mithilfe der Fehling-Probe nachgewiesen werden.

⬤ Traubenzucker (Glucose) ist ein Monosaccharid. Der energiereiche Stoff nimmt eine Schlüsselfunktion im Stoffwechsel fast aller Lebewesen ein.

S ▌ Erforsche es

Nachweis von Traubenzucker

Durchführung:
Fordere *Geräte und Chemikalien* entsprechend der Abbildung an. Führe das Experiment unter Beachtung der Sicherheitsvorschriften durch.

Auswertung:
Teste unterschiedliche Lebensmittel. Notiere deine Beobachtungen in einer Tabelle und werte sie aus.

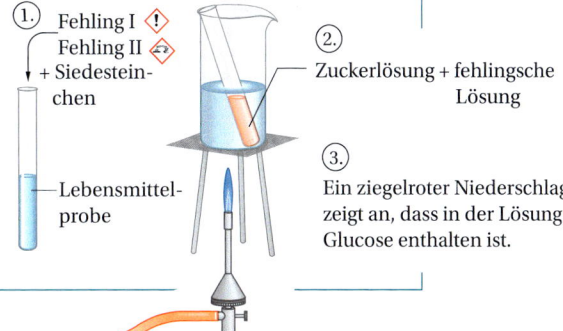

1. Fehling I ⚠ Fehling II ☣ + Siedesteinchen

Lebensmittelprobe

2. Zuckerlösung + fehlingsche Lösung

3. Ein ziegelroter Niederschlag zeigt an, dass in der Lösung Glucose enthalten ist.

Aufgaben

1 — Erkläre, warum z. B. Kraftsportler vor einem Wettkampf Traubenzucker zu sich nehmen. 🖐 ↗ S. 133

2 — Beschreibe die Struktur eines Glucosemoleküls. Leite daraus wichtige Stoffeigenschaften des Monosaccharids ab.

3 — Begründe, warum Glucose eine Schlüsselrolle im Stoffwechsel vieler Lebewesen einnimmt. 🖐 ↗ S. 132

4 — Vergleiche die Struktur und Eigenschaften von Stärke und Glucose. Leite eine Schlussfolgerung ab. 🖐 ↗ S. 133

⊕ Wusstest du schon …

Aus zwei mach eins

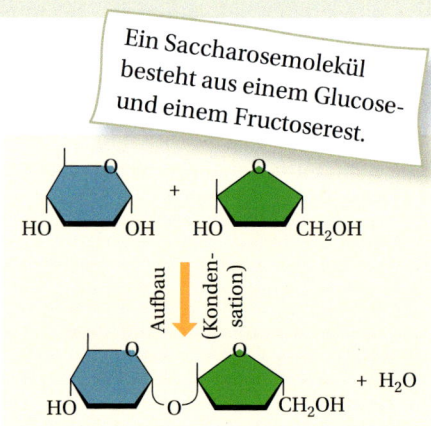

Ein Saccharosemolekül besteht aus einem Glucose- und einem Fructoserest.

Sprechen wir im Alltag von „Zucker", meinen wir damit meistens Haushaltszucker. Dabei handelt es sich um das **Disaccharid Saccharose,** das auch als **Rohrzucker** oder **Rübenzucker** bekannt ist. Es ist vor allem in Zuckerrohr und in Rüben enthalten. Aus diesen beiden Pflanzen wird Haushaltszucker auch technisch gewonnen.

> Saccharose =
> Rohrzucker =
> Rübenzucker =
> Haushaltszucker

Saccharose entsteht durch die Reaktion zweier verschiedener Monosaccharide im Stoffwechsel der Pflanzen. Glucose und Fructose (Fruchtzucker) reagieren unter Abspaltung von Wasser zu Rohrzucker.

Das Disaccharid ist gegenüber Sauerstoff beständiger als die beiden Monosaccharide. Deshalb dient es den Pflanzen als Energiespeicher und als Transportzucker. Ein Saccharosemolekül transportiert quasi je ein Molekül Glucose und Fructose zu den Zellen. Dort wird das Disaccharid wieder in die beiden Monosaccharide gespalten.

Diese Reaktion läuft auch bei der Bildung von Honig durch Bienen ab. Deshalb besteht Bienenhonig zum größten Teil aus Glucose und Fructose. Das Gemisch bezeichnen wir als Invertzucker.

In unserer Nahrung führt zu viel Zucker nicht nur zu Übergewicht. Er schädigt auch unsere Zähne, weil Bakterien im Mund den Zucker in Säuren umwandeln. Diese greifen den Zahnschmelz an und verursachen Karies.

● Steckbrief ●

Saccharose (Rohrzucker oder Rübenzucker, $C_{12}H_{22}O_{11}$)

Eigenschaften:
farblose Kristalle, gut in Wasser löslich, süß schmeckend, reagiert nicht mit fehlingscher Lösung
Dichte: 1,588 g/cm³
Schmelztemperatur: 185 °C, zersetzlich

Struktur:

Glucoserest   Fructoserest

Vorkommen:
in vielen Pflanzen, vor allem in Zuckerrohr und Zuckerrüben; in Nektar

Bedeutung:
– wichtigster Zucker zum Süßen von Lebensmitteln (Haushaltszucker)
– Transportzucker und Energiespeicher in der Natur
– Bildung von Karamel

Trotzdem ist Saccharose schon seit Jahrtausenden ein äußerst beliebter Süßstoff. Sie konnte bis Ende des 18. Jahrhunderts allerdings nur aus Zuckerrohr gewonnen werden. Die Pflanze gedeiht aber leider nur in den Tropen und Subtropen.
Deshalb musste Rohrzucker nach Europa importiert werden und war ein teurer Luxusartikel für Reiche.

1747 entdeckte der deutsche Apotheker A. S. Marggraf, dass auch die heimische Runkelrübe ziemlich viel Saccharose enthält. Seinem Schüler F. Achard gelang es 1807 erstmals, aus Rüben industriell Zucker zu gewinnen.
Zu jener Zeit war der importierte Rohrzucker besonders teuer, weil sich Napoleon mit den Engländern einen erbitterten Handelskrieg lieferte. Dadurch konnte sich der Rübenzucker als preiswerter „Zuckerersatz" in ganz Europa durchsetzen.

Die Verfahren zur Zuckergewinnung wurden seitdem stark verbessert und durch Züchtung auch der Zuckergehalt in den Rüben erhöht. So liegt der Zuckergehalt der Rüben heute bei ca. 20 %.
Die Rüben werden im Herbst geerntet, entkrautet und gewaschen. Aus der Waschanlage gelangen sie in die Schneidestation. Die Rübenschnitzel werden im Extraktionsturm mit Wasser versetzt und auf 70 °C erhitzt. Dadurch wird der Zucker herausgelöst. Im Rohsaft sind aber auch noch andere gelöste Stoffe enthalten, die ausgefällt und abfiltriert werden.
Wird der Zuckersaft eingedickt, kristallisiert brauner Zucker aus. Um weißen Haushaltszucker zu gewinnen, muss der Sirup in Zentrifugen noch weiter gereinigt werden.
Moderne Zuckerfabriken arbeiten sehr wirtschaftlich. Deshalb lässt sich Zucker sehr billig herstellen – er ist längst kein Luxus mehr.

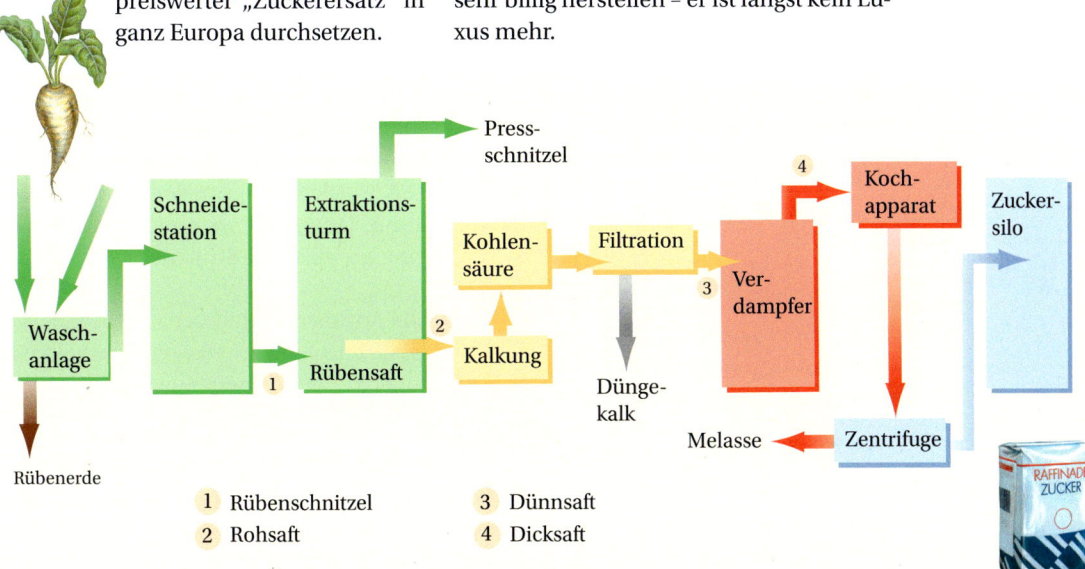

1 Rübenschnitzel 3 Dünnsaft
2 Rohsaft 4 Dicksaft

▮ Führt eine Exkursion in eine Zuckerfabrik durch. Informiert euch über die Geschichte der Gewinnung von Haushaltszucker. Erarbeitet dazu eine Präsentation.

Kohlenhydrate als Nährstoffe

Gestärkt in den Tag

Vermute, warum du von Biomüsli und Brot viel länger fit bist als nach einem „obersüßem Cornflakes" oder Schokoriegel.

O Mann, die Schokoflocken sind wirklich lecker!

Dafür machen sie nur halb so lange satt wie mein Müsli.

Steckbrief

Stärke (C$_6$H$_{10}$O$_5$)$_n$

Eigenschaften:
fest, farblos, schwer in kaltem Wasser löslich, bildet in heißem Wasser Stärkekleister
Dichte: 1,5 g/cm³

Struktur:
Viele Traubenzuckermoleküle sind zu langen Ketten verknüpft.

Amylose (unverzweigte Ketten) – Substanz im Innern der Stärkekörner

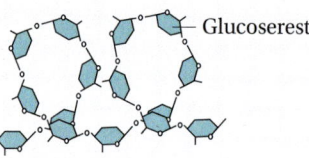

Glucoserest

Amylopektin (verzweigte Ketten) – Hüllsubstanz der Stärkekörner

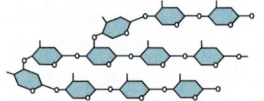

Bedeutung:
– Energiespeicher in Pflanzenzellen
– wichtigstes Kohlenhydrat für die menschliche Ernährung
– nachwachsender Rohstoff (Verpackungsmaterialien)

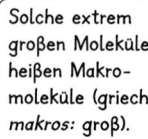

Solche extrem großen Moleküle heißen Makromoleküle (griech. *makros*: groß).

Die in den grünen Blättern produzierte Glucose ist sehr gut in Wasser löslich und wird schnell oxidiert. Deshalb lässt sie sich nur schlecht speichern. In Pflanzen wird Glucose daher in die chemisch beständigere und besser speicherbare **Stärke** umgewandelt.

Stärke ist eines der häufigsten **Polysaccharide** und besteht aus zwei Komponenten: **Amylose** und **Amylopektin.** Beide Stoffe sind aus mehreren Hundert bis Tausend Molekülresten der Glucose aufgebaut. Sie unterscheiden sich lediglich in der räumlichen Verknüpfung.

Amylose besteht aus unverzweigten Ketten, die schraubenförmig gewunden sind. Die Moleküle des Amylopektins sind dagegen baumartig verzweigt und besitzen eine eher flächige Struktur.

Die Anzahl der Glucosebausteine pro Molekülkette kann schwanken. Deshalb wird für Stärke eine allgemeine Summenformel von (C$_6$H$_{10}$O$_5$)$_n$ angegeben.

> Stärke ist ein Polysaccharid. Sie dient als Energiespeicher.
> Stärke besteht aus Makromolekülen, die aus mehreren Hundert Bausteinen von Glucose entstanden sind.

S | Nachweis von Stärke

Aufgabe:
Untersuche, in welchen Lebensmitteln Stärke enthalten ist.

Durchführung:
Teste verschiedene Lebensmittelproben, so wie in der Abbildung gezeigt, auf das Vorhandensein von Stärke.

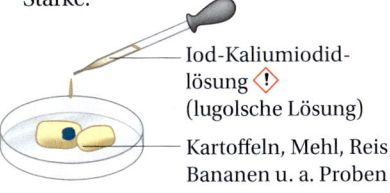

Iod-Kaliumiodid-lösung ⚠ (lugolsche Lösung)

Kartoffeln, Mehl, Reis, Bananen u. a. Proben

Beobachtung und Auswertung:
Betrachte die Proben auch unter der Stereolupe. Fertige von deinen Beobachtungen eine Zeichnung an. Welche Lebensmittel enthalten besonders viel Stärke?

S | Löslichkeit von Kohlenhydraten

Aufgabe:
Vergleiche die Löslichkeit von Glucose und Stärke in Wasser.

Vorbereitung:
Geräte und Chemikalien: 2 Reagenzgläser, Stopfen, Spatel, Glucose, Stärke, Wasser

Durchführung:
Gib eine Spatelspitze Traubenzucker und eine Spatelspitze Stärke in je ein Reagenzglas. Füge jeweils 5 ml Wasser hinzu und schüttle kräftig.

Beobachtung und Auswertung:
Betrachte die Gemische in den Reagenzgläsern vor und nach dem Schütteln. Erkläre deine Beobachtungsergebnisse.
Leite eine Schlussfolgerung ab.

Kartoffeln und Getreideprodukte enthalten sehr viel Stärke. Wenn wir solche Nahrungsmittel zu uns nehmen, dann wird die Stärke im Körper langsam zu Traubenzucker abgebaut. Deshalb hält ein gesundes Frühstück auch bis zum Mittag fit.

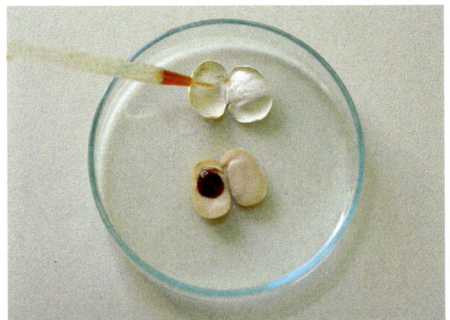

▮ Nachweis von Stärke in Bohnen mithilfe von Iod-Kaliumiodidlösung

Aufgaben _____

1 — Definiere den Begriff Makromolekül.
2 — Beschreibe die Struktur von Amylose.
3 — Stellt aus Stärkemehl und Wasser einen Stärkekleister her und untersucht dessen Eigenschaften. S 👥
   Leitet daraus ab, warum Stärke nicht im Blut transportiert werden kann.
   Wer bastelt aus Zeitungspapier und dem Kleister die besten Skulpturen oder Faschingsmasken?
4 — Stärke wird vor allem in Knollen, Samen und Früchten eingelagert.
   a) Erkunde, welche Pflanzen besonders viel Stärke enthalten.
   b) Begründe, warum sich Stärke gut als Energiespeicher eignet. 🍴 ↗ S. 132

⊕ Wusstest du schon…

Außerhalb unseres Körpers kann die Hydrolyse der Stärke auch durch Säuren katalysiert werden (Experiment auf S. 19).

Enzyme bei der Arbeit

Wenn du ein Stück Brot lange kaust, beginnt es süß zu schmecken. Welche Reaktion läuft in deinem Mund ab?

Brot wird mit Mehl gebacken und enthält mit Stärke eines der wichtigsten Kohlenhydrate für unsere Ernährung. Die Stärke wird im Körper in Glucose gespalten, die vom Blut aufgenommen und als Energielieferant in den Körperzellen benötigt wird.

$$(C_6H_{10}O_5)_n + (n{-}1)\,H_2O \xrightarrow{\text{Kat.}} n\,C_6H_{12}O_6$$

Der **Abbau der Stärke** wird **Hydrolyse** genannt und beginnt schon im Mund.

▌ Warum schmeckt Brot, das im Mund zerkaut wird, nach einiger Zeit süß?

Die Reaktion muss durch **Enzyme** katalysiert werden, da sie sonst bei einer Temperatur von 37 °C in unserem Körper nur sehr langsam ablaufen würde. Diese wirken als **Biokatalysatoren** und beschleunigen den Stärkeabbau um ein Vielfaches.

Anders als bei Katalysatoren bei chemisch-technischen Prozessen wird eine biochemische Reaktion nur durch ein ganz bestimmtes Enzym katalysiert.

Enzymmoleküle passen nur zu den Molekülen eines ganz bestimmten Ausgangsstoffs – ähnlich wie ein **Schlüssel zum Schloss.** Sie bilden zunächst einen relativ energiearmen **Enzym-Substrat-Komplex.** So kann diese biochemische Reaktion schon bei der Körpertemperatur des Organismus erfolgen.

Nach der Stoffumwandlung zerfällt der Enzym-Substrat-Komplex in die Reaktionsprodukte und den unveränderten Katalysator.

Letzterer kann sich erneut mit einem Substrat verbinden und den Prozess viele Male durchlaufen.

Die Glucose wird in unseren Zellen nur teilweise zur Energiegewinnung genutzt. Ein großer Teil wird wieder in stärkeähnliches Glykogen umgewandelt. Diese „tierische Stärke" speichern wir als Energiereserve in der Leber und in den Muskeln.

Stärkehaltige Lebensmittel

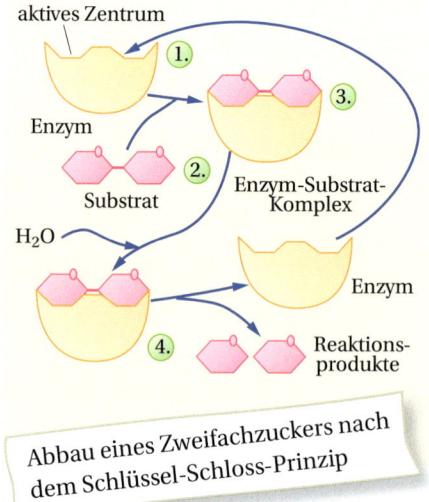

Abbau eines Zweifachzuckers nach dem Schlüssel-Schloss-Prinzip

Erforsche es

S | Abbau von Stärke

Durchführung:

Entnehmt aus der Abbildung, welche *Geräte und Chemikalien* ihr für das Modellexperiment braucht. Führt den Versuch unter Beachtung der Sicherheitsvorschriften durch.

Auswertung:

1. Notiert und erklärt eure Beobachtungen. Lest euch dazu den Text auf Seite 18 durch.
2. Erläutert die Funktion der Salzsäure beim Modellexperiment.

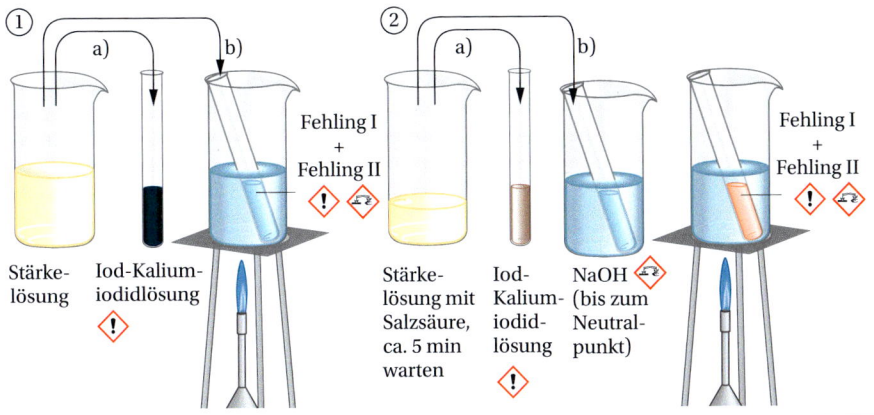

S | Herstellung von Stärkefolie

Vorbereitung:

Materialien: Becherglas ($V = 250$ ml), Uhrglas zur Abdeckung, Spatellöffel, Pipette, Glasstab, Wasserbad Heizplatte, Handtuch, Plastikunterlage, Stärke, Glycerollösung ($\omega \approx 50\,\%$), Lebensmittelfarbe, Wasser

Durchführung:

Gebt 50 ml Wasser und 2 ml Glycerollösung in das Becherglas. Fügt unter Rühren einen gehäuften Spatellöffel Stärke und einige Tropfen Lebensmittelfarbe dazu. Deckt das Becherglas ab und kocht das Gemisch etwa 15 Minuten lang.

Rührt dabei ab und zu mit dem Glasstab um, damit das Gel nicht klumpt. Gießt nun das heiße Gel auf die Unterlage und verteilt es darauf. Lasst es über Nacht bei Raumtemperatur (nicht auf der Heizung!) trocknen. Am nächsten Tag könnt ihr die Folie von der Unterlage abziehen.

Auswertung:

Sucht im Haushalt und in Geschäften nach Beispielen für biologisch abbaubare Verpackungen.

Diskutiert die Vor- und Nachteile solcher Verpackungen gegenüber Verpackungen aus Plastik.

ⓒ Das hast du gelernt

Kohlenhydrate als Nährstoffe

Kohlenhydrate bestehen aus den Elementen Kohlenstoff, Wasserstoff und Sauerstoff. Sie besitzen die allgemeine Formel $C_x(H_2O)_y$. Kohlenhydrate werden in Monosaccharide, Disaccharide und Polysaccharide unterteilt.

Monosaccharid Glucose

Glucose ist ein energiereicher Stoff, der eine zentrale Rolle im Stoffwechsel vieler Lebewesen spielt. Sie wird durch Bildung eines ziegelroten Niederschlags mithilfe der Fehling-Probe nachgewiesen.

Glucose ist ein ringförmiges Molekül, das jedoch auch die Kettenform bilden kann.

Nachweis von Glucose/ fehlingsche Lösung

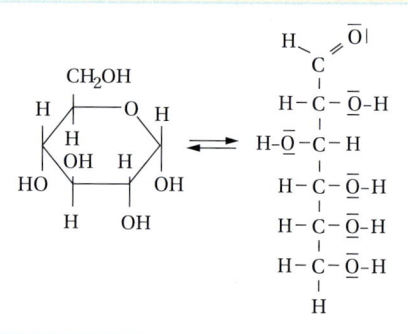

Polysaccharid Stärke

Stärke ist schlecht in Wasser löslich und chemisch ziemlich beständig. Deshalb eignet sich das energiereiche Kohlenhydrat als Energiespeicher für Pflanzen und als Nährstoff für Tiere und Menschen. Stärke wird mit Iod-Kaliumiodidlösung nachgewiesen.

Stärke ist aus den Komponenten **Amylose** und **Amylopektin** zusammengesetzt. Ihre Makromoleküle unterscheiden sich lediglich in der Art der Verknüpfung der Glucosebausteine.

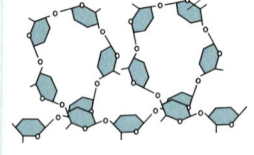

Amylose (unverzweigte Ketten) – Substanz im Innern der Stärkekörner
Glucoserest

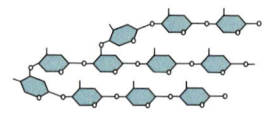

Amylopektin (verzweigte Ketten) – Hüllsubstanz der Stärkekörner

Löse mit Köpfchen

1. Zucker chemisch betrachtet

a) Vergleiche die Moleküle von Glucose und Saccharose miteinander.
↗ S. 133

b) Du sollst entscheiden, ob in einer Zuckerdose Traubenzucker oder Haushaltszucker enthalten ist. Beschreibe, wie du vorgehen würdest, um die Zucker zu unterscheiden.

2. Verkohlter Zucker

Stelle eine Vermutung auf, was passiert, wenn du Zucker im Reagenzglas mit dem Brenner erwärmst. Überprüfe deine Vermutung experimentell (Abzug!).
Leite aus dem Experiment die allgemeine Formel der Kohlenhydrate ab. S ➕

3. Zucker auf der Intensivstation

Nährlösungen für Kranke auf der Intensivstation enthalten Traubenzucker. Erläutere die Funktion des Kohlenhydrats in der Nährlösung. ↗ S. 133

4. Ist zu viel Zucker schädlich?

Interpretiere die Zeichnung.

5. Gelöster Zucker

Erkläre, warum sich Traubenzucker sehr gut in Wasser lösen lässt, Stärke jedoch zum großen Teil schlecht wasserlöslich ist.

6. Genudelte Sportler

Ausdauersportler wie Triathleten essen vor ihren Wettkämpfen oft eine große Portion Nudeln. Begründe das Essverhalten der Sportler aus chemischer Sicht.
↗ S. 132

7. Gelagerte Kartoffeln

Diskutiere, ob es günstig ist, Kartoffeln kühl im Keller zu lagern. ↗ S. 133

Wie lassen sich die Kohlenhydrate nachweisen?

8. Kohlenhydraten auf der Spur

Untersuche, ob verschiedene Lebensmittel Glucose oder Stärke enthalten. S

a) Plane die Experimente und fordere Geräte und Chemikalien an.

b) Führe die Tests unter Beachtung der Sicherheitsvorschriften durch.

c) Protokolliere deine Ergebnisse.

9. Stoffwechsel

Begründe, warum im Rahmen des Kohlenhydratstoffwechsels im menschlichen Körper ein ständiger Aufbau von langkettigen Kohlenhydraten bzw. ein Abbau zu kurzkettigen Kohlenhydraten erfolgt. ➕

21

Eiweiße als Nährstoffe

Mehr als nur Hühnerei

Viele denken beim Stichwort „Eiweiß" nur an Hühnereier. Doch Eiweiße werden von allen Lebewesen benötigt. Wozu brauchen wir Eiweiße?

Eiweiße sind wichtige Baustoffe unseres Körpers. Sie bilden die Grundsubstanz des Zellplasmas, sind am Aufbau von Zellen, Membranen, Enzymen, Muskeln, Knorpeln und vielem mehr beteiligt.
Auch Hormone wie Insulin sind Eiweiße. Der rote Blutfarbstoff Hämoglobin besteht ebenfalls größtenteils aus Eiweißen.
Wegen ihrer enormen Bedeutung für das Leben werden Eiweiße in der Fachsprache **Proteine** genannt (griech. *protos:* das Erste, das Wichtigste).

Eiweiße enthalten stets die Elemente Kohlenstoff, Wasserstoff, Sauerstoff sowie Stickstoff und oft auch Schwefel.

Pflanzen bilden Eiweiße aus Traubenzucker und Nährsalzen. Tiere und Menschen müssen Eiweiße mit der Nahrung aufnehmen. Bei der Verdauung werden die aufgenommenen Eiweiße in ihre Grundbestandteile – die Aminosäuren – zerlegt. Daraus werden anschließend wieder körpereigene Eiweiße aufgebaut.

> Eiweiße sind grundlegende Baustoffe aller Lebewesen. Wir nehmen sie mit der Nahrung auf und wandeln sie in körpereigene Eiweiße um.

Einige Gruppen der Eiweiße	
Bezeichnung	**Funktion/Vorkommen**
Kollagene	Hauptbestandteil des Stützgewebes, Gerüstproteine (in Knochen, im Knorpel und Bindegewebe)
Keratine	Bestandteil von Haaren, Wolle, Nägeln, Federn, Horn, Hufen
Globuline	Bestandteil des Blutplasmas (z. B. Fibrinogen), Bedeutung im Immunsystem (z. B. Antikörper)
Albumine	Ovalbumin (Hauptbestandteil des Eiklars), Albumine in Getreide, Albumin ist das am häufigsten vorkommende Eiweiß im Blutplasma.

Aufgaben

1 _ Begründe die Notwendigkeit, dass in unserer Nahrung 10–15 % Eiweiße enthalten sind. ↗ S. 132
2 _ Informiere dich über Vorkommen und Bedeutung von Eiweißen in der Natur. Erstelle dazu eine Mindmap. ↗ S. 77
3 _ Nenne einige eiweißreiche Nahrungsmittel.
4 _ Beschreibe die Verdauung von Eiweißen unter Nutzung von Modellen.

Erforsche es

S Eigenschaften von Eiweißen

Löslichkeit in Wasser

Durchführung:
Teste, wie sich unterschiedliche Eiweiße (Hühnereiweiß, Milcheiweiß, Haare, Horn usw.) in Wasser lösen.
Führe Protokoll.

Auswertung:
Nenne Beispiele für in Wasser lösliche und unlösliche Eiweiße. Erkläre ihre unterschiedliche Funktion in der Natur.

Verhalten beim Erwärmen

Durchführung:
Erwärme etwas Hühnereiweiß oder ein paar Hornspäne auf einem Verbrennungslöffel (Abzug!). Notiere deine Beobachtungen (z. B. den Geruch) und führe Protokoll.

Auswertung:
Erkläre mithilfe der Beobachtungen, warum sehr starkes Fieber schädlich für den Organismus ist.

S Nachweis von Eiweißen

Xanthoproteinreaktion

Vorbereitung und Durchführung:
Fordere die in der Abbildung benötigten Materialien bei deiner Lehrkraft an. Führe das Experiment unter Beachtung der Sicherheitsvorschriften durch.

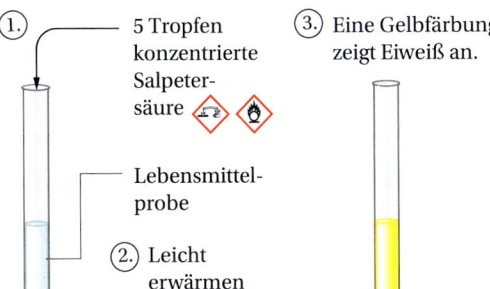

Auswertung:
Werde zum Lebensmittelchemiker. Weise mithilfe der Xanthoproteinreaktion Eiweiße in Lebensmitteln nach.

Biuretreaktion

Vorbereitung und Durchführung:
Fordere die in der Abbildung benötigten Materialien bei deiner Lehrkraft an. Führe das Experiment unter Beachtung der Sicherheitsvorschriften durch.

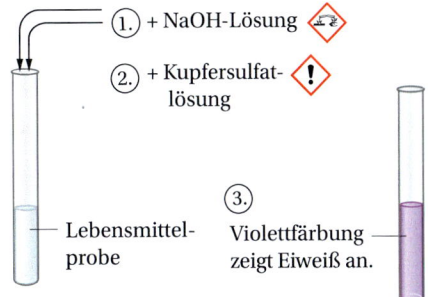

Auswertung:
Teste mithilfe der Biuretreaktion, welche Lebensmittel Eiweiße enthalten. Erstelle eine tabellarische Übersicht über deine Testergebnisse.

23

Eiweiße als Nährstoffe

Moleküle des Lebens

Eiweiße bestehen aus unterschiedlichen Aminosäuren. Wie funktioniert das „Aminosäurepuzzle"?

Aminosäuren sind organische Stoffe, die neben der **Carboxylgruppe (-COOH)** noch eine **Aminogruppe (-NH$_2$)** im Molekül enthalten.

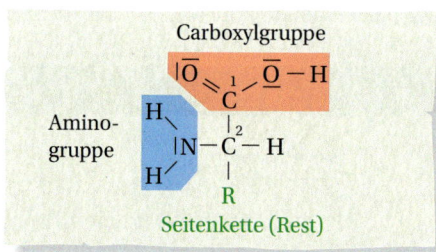

Carboxylgruppe

Aminogruppe

Seitenkette (Rest)

Der **Rest ("R")** kann sehr unterschiedlich gebaut sein und beeinflusst – neben den funktionellen Gruppen – die Eigenschaften der Aminosäure.

Aus der Natur sind über 500 Aminosäuren bekannt. Am Aufbau der Eiweiße unseres Körpers sind jedoch nur **22 biogene Aminosäuren** beteiligt. Einige dieser Aminosäuren kann unser Körper aus anderen Verbindungen bilden. Aminosäuren, die er nicht selbst herstellen kann, müssen mit der Nahrung aufgenommen werden. Sie werden als **essenziell** bezeichnet.

> Aminosäuren sind die Grundbausteine der Eiweiße. Sie enthalten mindestens eine Carboxyl- und mindestens eine Aminogruppe im Molekül.

Ausgewählte Aminosäuren

Rest R	Name	Eigenschaften
$-H$	Glycin	unpolar, neutral
$-CH_3$	Alanin	unpolar, neutral
$-CH_2-CH_2-COOH$	Glutaminsäure	polar, sauer
$-CH_2-OH$	Serin	polar, neutral
$-CH_2-SH$	Cystein	polar, neutral
$-CH_2-CH_2-CH_2-CH_2-NH_2$	Lysin	polar, basisch
$-CH_2-SeH$	Selenocystein	polar, neutral

S | Erforsche es

Vielfalt der Peptide

Baue mit dem Molekülbaukasten Molekülmodelle von Alanin, Glycin und Serin nach. Konstruiere daraus ein Molekül aus drei Aminosäuren. Vergleiche die Moleküle mit denen deiner Nachbarn.

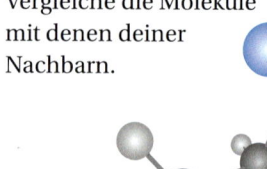
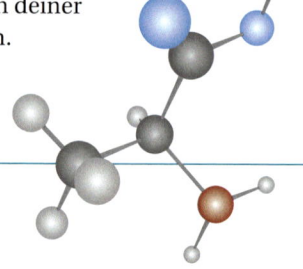

24

Aminosäuren können an ihren funktionellen Gruppen miteinander reagieren. Dabei verbinden sich sowohl gleiche wie auch verschiedene Aminosäuren.

Reagieren zwei Aminosäuremoleküle miteinander unter Wasserabspaltung, entsteht ein **Dipeptid.** Die Bindung heißt **Peptidbindung,** die entstandene funktionelle Gruppe **Peptidgruppe.**

Aufgrund der beiden funktionellen Gruppen können sich auch mehr als nur zwei Aminosäuren miteinander verbinden und Peptide bilden. Dabei können sowohl kettenförmige als auch ringförmige Strukturen entstehen. Verbinden sich viele Aminosäuremoleküle miteinander, entstehen **Polypeptide.**

Eiweiße (Proteine) werden aus besonders strukturierten Polypeptidketten gebildet, die aus mehr als 100 Bausteinen bestehen. Ihre Vielfalt ist aufgrund der unterschiedlichen Kombinationsmöglichkeiten der 22 biogenen Aminosäuren und der verschiedenen Kettenlängen fast unerschöpflich. Dabei ist die Art der kombinierten Aminosäuren, ihre Reihenfolge und ihre Anzahl entscheidend.

> Peptide mit mehr als 10 Aminosäureresten im Molekül heißen **Polypeptide.** Eiweiße sind räumlich strukturierte Polypeptide, die aus mehr als 100 Aminosäuren aufgebaut sind.

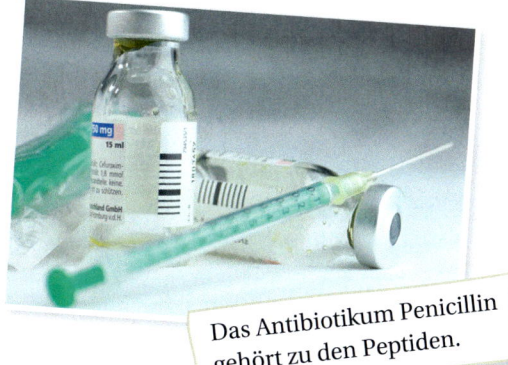

Das Antibiotikum Penicillin gehört zu den Peptiden.

Wie sind die Molekülreste im Peptid miteinander verbunden?

1:	Alanin	Cystein	Lysin
2:	Alanin	Lysin	Cystein
3:	Cystein	Alanin	Lysin
4:	Cystein	Lysin	Alanin
5:	Lysin	Alanin	Cystein
6:	Lysin	Cystein	Alanin

▌ Begründe, dass die Kombinationen 1 und 6 bzw. 2 und 4 chemisch verschieden sind.

Aufgaben

1 Erläutere den Aufbau von Aminosäuren am Beispiel des Alanins. ↗ S. 133

2 Beschreibe die Bildung und den Bau eines Dipeptidmoleküls.

$$H-\underset{\underset{H}{|}}{N}-\underset{\underset{H}{|}}{\overset{R_1}{C}}-\overset{\bar{O}|}{\underset{\bar{O}-H}{C}} \quad + \quad \overset{H}{\underset{H}{N}}-\underset{\underset{R_2}{|}}{\overset{H}{C}}-\overset{\bar{O}|}{\underset{\bar{O}-H}{C}} \quad \longrightarrow \quad H-\underset{\underset{H}{|}}{N}-\underset{\underset{H}{|}}{\overset{R_1}{C}}-\overset{\hat{O}}{C}-\underset{\underset{H}{|}}{N}-\underset{\underset{R_2}{|}}{\overset{H}{C}}-\overset{\bar{O}|}{\underset{\bar{O}-H}{C}} \quad + \quad H-\overset{'O\backslash}{}-H$$

Peptidgruppe

▌ Aminosäuren reagieren unter Wasserabspaltung zu Dipeptiden.

⊕ Wusstest du schon…

22 Aminosäuren kombiniert zu Polypeptiden mit je 150 Bausteinen ergibt 22^{150} Möglichkeiten.

Vom Polypeptid zum Eiweiß

Allein im menschlichen Körper sind heute mehr als 100 000 Eiweiße nachgewiesen. Da alle Eiweiße unterschiedliche Funktionen erfüllen, müssen sie sich auch in ihrer Struktur unterscheiden. Denn erst die räumliche **Struktur** macht ein Polypeptid zum Eiweiß mit einer bestimmten biologischen Funktion.

Die Struktur der Eiweiße ist ziemlich kompliziert. Das ist auch kein Wunder. Nicht nur die möglichen Polypetidketten sind entscheidend, sondern auch die Anordnung im Raum. Erst in der endgültigen Form erlangt das Eiweiß die volle Wirksamkeit im Körper.

Um den Überblick über die komplizierten Strukturen zu behalten, beschreiben Chemiker die Struktur der Eiweiße in vier **Ebenen:** die Primär-, Sekundär-, Tertiär- und Quartärstruktur.

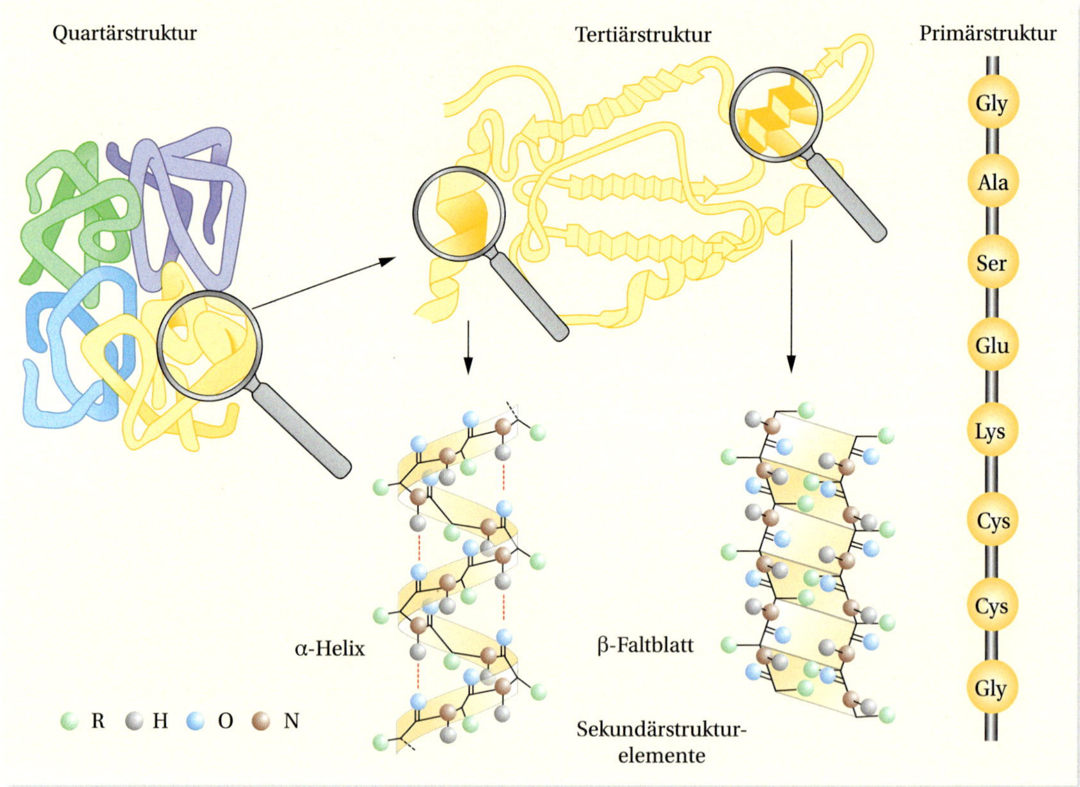

Quartärstruktur

Tertiärstruktur

Primärstruktur

Gly

Ala

Ser

Glu

Lys

Cys

Cys

Gly

α-Helix

β-Faltblatt

R H O N

Sekundärstruktur-elemente

Die **Primärstruktur** wird durch die Art, Anzahl und Reihenfolge der Aminosäuren in der Polypeptidkette bestimmt.

Zwischen den –CO-Gruppen und den –NH-Gruppen im Molekül bilden sich Wasserstoffbrückenbindungen. Sie stabilisieren Teile von Peptidketten in einer bestimmten Form. So entsteht die **Sekundärstruktur,** von der wir zwei Formen unterscheiden:

Bei der **Helixstruktur** sind die Peptidketten spiralförmig verdreht. Sie tritt häufig bei schwefelreichen Eiweißen auf. Ein Beispiel ist das Keratin, das ein Hauptbestandteil unserer Haare und Nägel ist.

Die **Faltblattstruktur** bildet sich durch Zusammenlagerung gestreckter Peptidketten. So enthält beispielsweise Seide viele Fasereiweiße mit Faltblattstruktur. Diese Struktur verleiht Seide die besondere Geschmeidigkeit und Reißfestigkeit.

Die Helix- und die **Faltblattstruktur** können auch nebeneinander in einem Molekül auftreten.

Den vollständigen Aufbau eines ganzen Polypeptidmoleküls beschreibt die **Tertiärstruktur**. Sie wird u. a. durch Schwefel- und Wasserstoffbrückenbindungen stabilisiert.

Manche Eiweiße bestehen aus mehreren Polypeptidketten, die untereinander durch spezielle Kräfte zusammengehalten werden. Daraus ergibt sich die **Quartärstruktur** z. B. des roten Blutfarbstoffs Hämoglobin.

Das Eiweiß setzt sich aus vier Polypeptidketten zusammen, an die außerdem je ein Molekül einer Eisenverbindung gebunden ist.

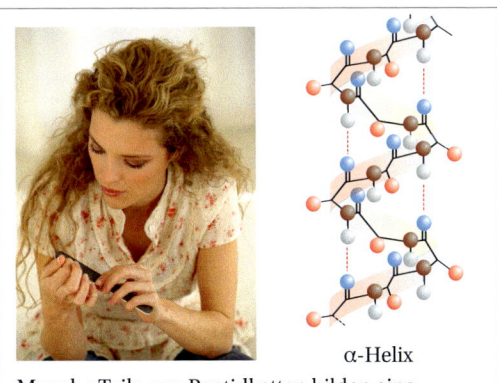

α-Helix

Manche Teile von Peptidketten bilden eine spiralförmige Helixstruktur.

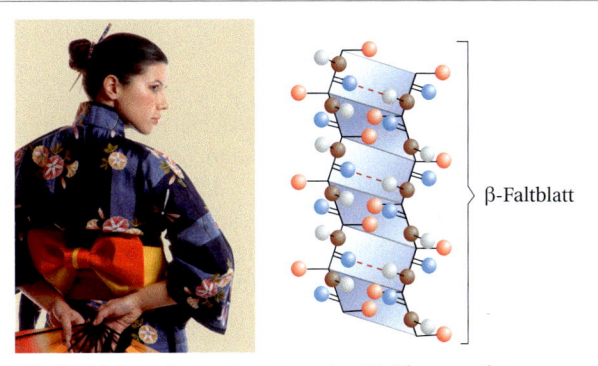

β-Faltblatt

Die Faltblattstruktur erinnert an eine Ziehharmonika.

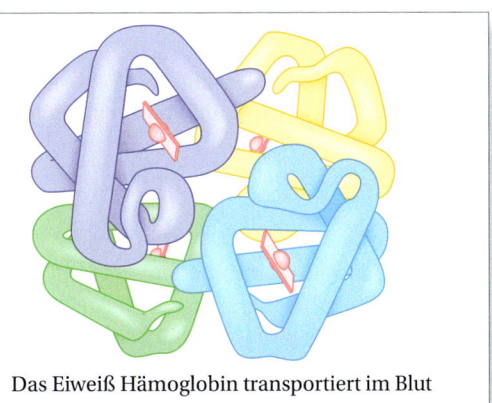

Das Eiweiß Hämoglobin transportiert im Blut Sauerstoff in unsere Zellen.

Eiweiße als Nährstoffe

Empfindliche Eiweiße

Die rechts dargestellten Prozesse haben etwas Wesentliches gemeinsam. Finde heraus, was es ist.

S | Erforsche es

Aufgabe:
Untersuche, wie Eiweiße auf unterschiedliche Umwelteinflüsse reagieren.

Vorbereitung:
Geräte: Becherglas, Reagenzgläser, Reagenzglashalter, Pipette, Brenner
Chemikalien: Eiklarlösung, verdünnte Salzsäure (GHS07, E2), hochprozentiges Ethanol (GHS02, E1/10), konzentrierte Bariumchloridlösung (GHS07, E1)

Durchführung:
1. Erhitze etwas Eiklar vorsichtig im Becherglas über der Brennerflamme.
2. Versetze jeweils 1 ml Eiklarlösung in einem anderen Reagenzglas mit Salzsäure, Ethanol und Bariumchloridlösung.

Beobachtung und Auswertung:
Erfasse deine Beobachtungen in einer Tabelle.
Leite aus den Beobachtungsergebnissen eine Schlussfolgerung ab.

Erwärmst du ein Ei in der Pfanne oder in kochendem Wasser, verändert das Eiweiß sein Aussehen. **Bei Temperaturen oberhalb von 60 °C** wird es fest und verliert seine Wasserlöslichkeit. Dieser Prozess kann nicht wieder rückgängig gemacht werden und wird **Denaturierung** genannt. Dabei wird die Raumstruktur der Eiweiße zerstört bzw. verändert.

Bei hohen Temperaturen denaturieren auch die Eiweiße von Bakterien und Viren. Daher werden beispielsweise medizinische Geräte sterilisiert, indem sie hohen Temperaturen ausgesetzt werden.

Auch Milch, Konserven und Babynahrung werden durch kurzzeitiges Erhitzen keimarm und damit haltbar gemacht. Dieses Verfahren wird nach seinem Erfinder, dem französischen Chemiker LOUIS PASTEUR, Pasteurisieren genannt.

▌ Erkläre, was beim Erhitzen von Eiweißen passiert.

Eiweiße denaturieren ebenfalls unter der **Einwirkung verschiedener Chemikalien.** Sie werden von Säuren, Laugen, Schwermetallsalzen und organischen Lösungsmitteln, wie Ethanol, angegriffen.

Der Friseur als Chemiker

Beim Dauerwellen von Haaren laufen umkehrbare chemische Reaktionen ab. Das Aussehen der Haare wird durch Aminosäurereste beeinflusst, die schwefelhaltige Seitenketten besitzen.
Bei der Dauerwelle werden zuerst die Vernetzungen der Polypeptidketten über Schwefelbrücken gelöst. Danach formt der Friseur das Haar mit Lockenwicklern und fixiert die Dauerwelle, indem er an neuen Stellen Schwefelbrücken zwischen den Peptidketten bilden lässt.

Bei der Verdauung kommt uns die Denaturierung sogar zupass. Unsere Magensäure denaturiert mit der Nahrung aufgenommene Eiweiße.
Dadurch wird nicht nur die Verdauung der Eiweiße ermöglicht, sondern es werden auch eindringende Mikroorganismen abgetötet.
Aus dem gleichen Grund musst du jedoch beim Arbeiten mit ätzenden Chemikalien vorsichtig sein. Gelangen Säuren oder Laugen auf die Haut oder gar ins Auge, werden die körpereigenen Eiweiße angegriffen und das Gewebe verätzt.

Die Denaturierung von Eiweißen durch Chemikalien nutzen wir zur Desinfektion. Wenn du eine Spritze bekommst, wird die Haut zuvor mit einem Desinfektionsmittel besprüht. Die darin enthaltenen Chemikalien, z. B. Alkohol, töten Mikroorganismen auf deiner Haut ab.

> Eiweiße sind empfindliche Naturstoffe. Sie denaturieren unter dem Einfluss von Hitze und Chemikalien. Dabei wird die räumliche Struktur der Eiweißmoleküle zerstört.

Aufgaben

1 — Beschreibe die Wirkung von hochprozentigem Alkohol auf Eiweiße.
2 — Begründe, warum hohes Fieber für Menschen und Tiere lebensgefährlich werden kann. 🖹 ↗ S. 133
3 — Manche deiner Freunde sind zu bequem, beim Experimentieren mit Säuren und Laugen eine Schutzbrille und Handschuhe zu tragen.
Bewerte dieses Verhalten mithilfe deiner chemischen Kenntnisse. 👍 ↗ S. 109
4 — Erläutere, warum es im Gebirge viel länger dauert, ein Frühstücksei zu kochen. ⊕

Reinhold, das Ei ist ja noch flüssig!

Du wolltest doch unbedingt auf dem Gipfel frühstücken, du Trottel.

8850 m

ⓖ Das hast du gelernt

Eiweiße als Nährstoffe

Aminosäuren sind organische Stoffe mit mindestens einer Carboxylgruppe $-COOH$ und mindestens einer Aminogruppe $-NH_2$ im Molekül. Sie können sich durch Reaktionen an diesen Gruppen zu **Peptiden** verbinden.

Struktur biogener Aminosäuren

Struktur eines Dipeptids

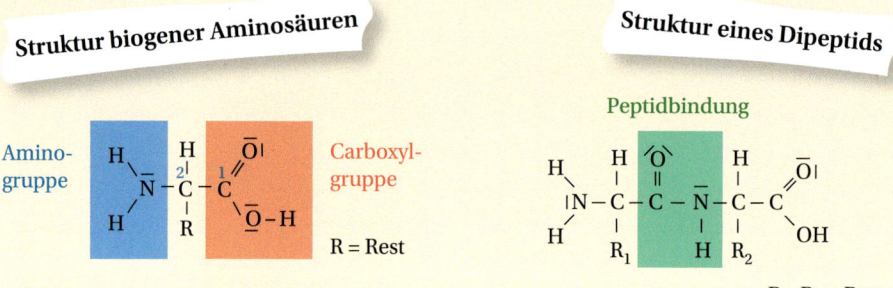

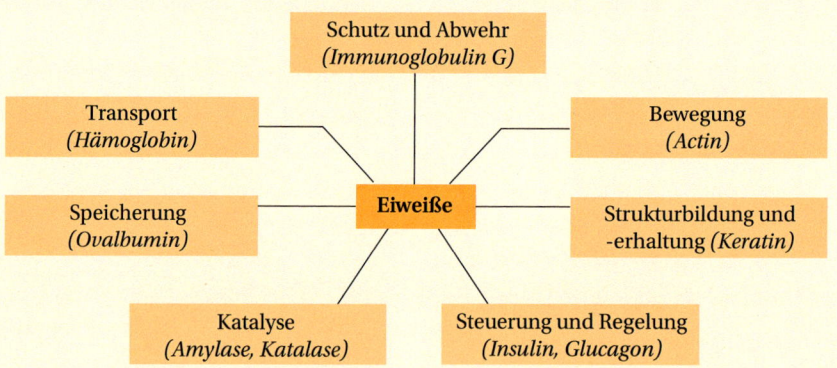

Eiweiße sind makromolekulare Stoffe, deren Polypetidketten aus mindestens 100 Aminosäureresten bestehen und in besonderer Form räumlich strukturiert sind. Erst in dieser Form erlangen Eiweiße ihre biologische Wirksamkeit.

```
                  Schutz und Abwehr
                  (Immunoglobulin G)

Transport                                    Bewegung
(Hämoglobin)                                 (Actin)

Speicherung            Eiweiße              Strukturbildung und
(Ovalbumin)                                 -erhaltung (Keratin)

        Katalyse                 Steuerung und Regelung
   (Amylase, Katalase)            (Insulin, Glucagon)
```

Durch Erhitzen und durch Zugabe von Säuren, Schwermetallsalzen oder organischen Lösungsmitteln wird die Struktur der Eiweiße zerstört. Infolge der **Denaturierung** können die Eiweiße ihre biologische Funktion nicht mehr erfüllen.

Löse mit Köpfchen

1. Aminosäuren im Körper

a) Recherchiere die Namen der Aminosäuren, aus denen die Eiweiße unseres Körpers gebildet werden.

b) Notiere drei Beispiele für Eiweiße unseres Körpers.

c) Definiere den Begriff essenzielle Aminosäure. ↗ S. 133

2. Von der Aminosäure zum Peptid

a) Gib die funktionellen Gruppen an, die alle Aminosäuremoleküle enthalten.

b) Erläutere die Bildung eines Dipeptids durch die Reaktion zweier Aminosäuren. ↗ S. 133

3. Peptide in der Natur

Die Gifte des grünen Knollenblätterpilzes gehören zu den Peptiden.

a) Beschreibe den Bau eines Peptidmoleküls.

b) Erstelle eine Übersicht über die Einteilung der Peptide.

c) Erkunde, wo Peptide in der Natur noch vorkommen.

4. Eiweißreiche Nahrung

Erkläre, warum Eiweiße wichtige Bestandteile unserer Nahrung sind.
Schlussfolgere daraus, welche Nahrungsmittel für eine gesunde Ernährung geeignet sind. Begründe deine Auswahl. ↗ S. 132/133

5. Gefährliche Diäten

Diskutiert in der Gruppe, warum Schlankheitsdiäten, die ausschließlich den Verzehr von Eiweißen empfehlen, für Menschen gefährlich werden können.

6. Gekochte Eier

Eier sind beliebte Nahrungsmittel. Sie werden gekocht, gebraten oder roh zur Zubereitung vieler Speisen verwendet.

a) Was passiert eigentlich beim Kochen von Eiern? Erkläre, warum Eier dabei hart werden.

b) Erläutere am Beispiel der Proteine des Hühnereies den Begriff „biologische Wertigkeit" von Eiweißen. ↗ S. 133

7. Eiweiße und Essig

Tropfe etwas Essigessenz zu einer Eiklarlösung. Leite aus deinen Beobachtungen eine Schlussfolgerung zum Experimentieren mit sauren Lösungen ab. S

8. Struktur und Funktion

Beschreibe den grundsätzlichen Aufbau von Eiweißmolekülen.
Erkläre, wie es möglich ist, dass Stoffe mit grundlegend ähnlichem Aufbau wie Eiweiße so viele verschiedene Funktionen erfüllen können. ↗ S. 133

Lies dazu noch einmal auf S. 24/25 nach.

Fette als Nährstoffe

Machen Fette nur dick?

Fette in Lebensmitteln genießen einen zweifelhaften Ruf. Braucht unser Körper diese Dickmacher wirklich? Nimm Stellung.

Fettreiche Nahrungsmittel verlocken uns besonders zum Essen. Kein Wunder! Sie tragen mit ihrem Energiereichtum in hohem Maße zur Sättigung bei. Außerdem sind **Fette** Träger für Aromastoffe und Lösungsmittel. Einige Vitamine sind nicht in Wasser löslich. Sie können nur gelöst in Fett von unserem Körper aufgenommen werden.

Fette dienen vielen Lebewesen als **Energiereserve.** Die Pflanzen bilden Fette aus Traubenzucker. Sie speichern Fett z. B. in ihren Samen (Raps, Sonnenblume).
Tiere und Menschen nehmen diese Fette mit der Nahrung auf. Bei der Verdauung werden Fette durch Reaktion mit Wasser (**Hydrolyse**) in ihre Bausteine zerlegt.

Über den Dünndarm gelangen diese ins Blut und werden zu den Zellen transportiert. Dort werden sie verbrannt.
Unser Organismus baut überschüssiges Fett mithilfe der **Enzyme** zu körpereigenen Fetten um und lagert sie z. B. unter der Haut ein.
Das Fettgewebe der Haut dient Tieren und Menschen als Wärmedämmung. Außerdem schützt es die inneren Organe vor Verletzungen. Ein Zuviel an Fett ist jedoch ungesund. Es führt zu Übergewicht und damit zu gesundheitlichen Problemen.

● Fette sind energiereiche Nährstoffe. Sie erfüllen unterschiedliche biologische Funktionen, dürfen aber nur in Maßen aufgenommen werden.

Warum ist die Frau so dick? Bloß weil sie Fette mag?

Ein dickes Fettpolster schützt nicht nur Walrösser vor der Kälte.

Die Grundbausteine der Fette sind Glycerol und Carbonsäuren.

Glycerol ist ein mehrwertiger Alkohol mit drei Hydroxylgruppen im Molekül.
Jede der Hydroxylgruppen kann mit einer anderen Carbonsäure verknüpft sein. Daraus ergibt sich die große Vielzahl an Fetten.

Die Carbonsäuren, die am Bau der Fette beteiligt sind, werden **Fettsäuren** genannt. Ihre Moleküle sind unverzweigt und enthalten eine gerade Anzahl von Kohlenstoffatomen.

• Fette sind Stoffgemische. In den Fettmolekülen ist jedes Glycerolmolekül mit drei Fettsäureresten verbunden. Die Fettsäurereste bedingen die Vielfalt der Fette.

Fettsäuremoleküle sind unpolare Moleküle. Daher lösen sich Fette gut in Benzin und anderen organischen Lösungsmitteln. In Wasser sind sie nahezu unlöslich.
Deshalb darfst du brennendes Fett niemals mit Wasser löschen: Das Wasser würde im heißen Fett schlagartig verdampfen und feinste Fetttröpfchen mit sich reißen. Diese würden an der Luft explosionsartig verbrennen.

S | Erforsche es

Nachweis von Fetten

Durchführung:
Bringe feste oder flüssige Lebensmittel auf ein Filterpapier auf. Tropfe daneben etwas Wasser als Vergleichsprobe. Lasse das Papier etwa 10 Minuten trocknen und betrachte es danach im Licht.

Lebensmittelprobe (zerkleinert)

Butter (verschmiert)

10 Min.

Wasser

Carbonsäuren besitzen mindestens eine –COOH-Gruppe.

Aufgaben

1 — Nenne die biologischen Funktionen von Fetten. Begründe, warum der Fettanteil in der Nahrung maximal 30 % betragen sollte. ↗ S. 132

2 — Beschreibe den allgemeinen Bau von Fettmolekülen.

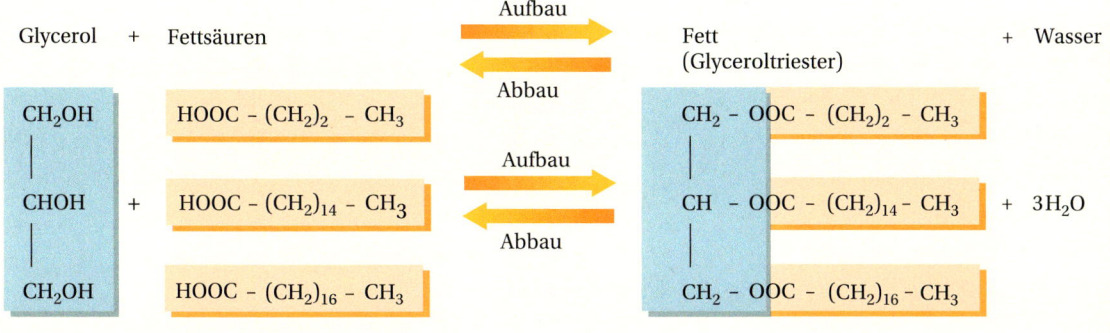

| Glycerol | + | Fettsäuren | | Fett (Glyceroltriester) | + | Wasser |

CH_2OH $HOOC - (CH_2)_2 - CH_3$

Aufbau / Abbau

$CH_2 - OOC - (CH_2)_2 - CH_3$

$CHOH$ + $HOOC - (CH_2)_{14} - CH_3$

Aufbau / Abbau

$CH - OOC - (CH_2)_{14} - CH_3$ + $3 H_2O$

CH_2OH $HOOC - (CH_2)_{16} - CH_3$

$CH_2 - OOC - (CH_2)_{16} - CH_3$

▮ Allgemeine Struktur von Fettmolekülen

↘

Fette als Nährstoffe

Fett ist nicht gleich Fett

In den Medien hörst du manchmal von ungesunden und gesunden Fetten. Bewerte diese Aussage.

Fett ist nicht generell ungesund. Zum einen kommt es darauf an, wie viel Fett wir zu uns nehmen. Zum anderen sind die verschiedenen Fette unterschiedlich gebaut. Es kommt besonders auf die Fettsäurereste an.

Die Moleküle **gesättigter Fettsäuren** enthalten ausschließlich Einfachbindungen zwischen den Kohlenstoffatomen, beispielsweise die der Buttersäure. In den Molekülen **ungesättigter Fettsäuren** gibt es dagegen mindestens eine Mehrfachbindung zwischen den Kohlenstoffatomen.

Ungesättigte Fettsäuren sind für die Ernährung besonders wichtig, weil unser Körper sie nicht selbst aufbauen kann.

Sie müssen mit der Nahrung aufgenommen werden. Ungesättigte Fettsäuren werden auch **essenzielle Fettsäuren** oder Omega-Fettsäuren genannt.

Als besonders gesund gelten Omega-3-Fettsäuren. Sie sind vor allem in Fischfett und in bestimmten Pflanzenölen, z. B. Weizenkeimöl, enthalten.

> ● Fettsäuren sind am Aufbau der Fette beteiligt. Wir unterscheiden gesättigte und ungesättigte Fettsäuren.

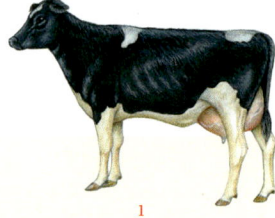

Stearinsäure – eine gesättigte Fettsäure

$\overset{18}{CH_3}-CH_2-CH_2-CH_2-CH_2-CH_2-CH_2-CH_2-CH_2-CH_2-CH_2-CH_2-CH_2-CH_2-CH_2-CH_2-CH_2-\overset{1}{COOH}$

Ölsäure – eine einfach ungesättigte Fettsäure

$\overset{18}{CH_3}-CH_2-CH_2-CH_2-CH_2-CH_2-CH_2-CH_2-\overset{9}{CH}=CH-CH_2-CH_2-CH_2-CH_2-CH_2-CH_2-CH_2-\overset{1}{COOH}$

Linolensäure – eine mehrfach ungesättigte Fettsäure; Omega-3-Fettsäure

$\overset{18}{CH_3}-CH_2-\overset{15}{CH}=CH-CH_2-\overset{12}{CH}=CH-CH_2-\overset{9}{CH}=CH-CH_2-CH_2-CH_2-CH_2-CH_2-CH_2-CH_2-\overset{1}{COOH}$

Da Fette Stoffgemische sind, besitzen sie keine genauen Schmelz- und Siedetemperaturen. Wir können aber zwischen fetten Ölen und festen Fetten unterscheiden.

Fette Öle sind bei Zimmertemperatur flüssig. Grund dafür ist ein hoher Anteil ungesättigter Fettsäurereste in den Molekülen. Zu den fetten Ölen gehören die meisten **Pflanzenfette** wie Sonnenblumenöl.

Feste Fette schmelzen erst bei höheren Temperaturen, weil sie einen größeren Anteil an gesättigten Fettsäureresten in den Molekülen enthalten. Vor allem **tierische Fette** wie Schmalz sind bei Raumtemperatur fest.

> Fette besitzen keine bestimmte Schmelztemperatur, sondern einen Schmelzbereich. Je größer der Anteil an ungesättigten Fettsäuren ist, umso niedriger liegt der Schmelzbereich.

Lässt du Butter an der Luft stehen, wird sie nach einigen Tagen ranzig. Dabei laufen verschiedene Reaktionen ab.

Zuerst werden die Fette unter Einfluss von Wasser in Glycerol und freie Fettsäuren gespalten. Bei der Hydrolyse wird u. a. die übel riechende Buttersäure frei.

Dann reagieren die freien Fettsäuren mit Sauerstoff. Je mehr ungesättigte Fettsäuren die Fette enthalten, desto schneller oxidieren sie.

S | Erforsche es

Nachweis ungesättigter Fettsäuren

Vorbereitung:

Geräte und Chemikalien: Reagenzglas, Pipette, verschiedene pflanzliche Fette, Baeyer-Reagenz (GHS 07, E1), Heptan (GHS 02/07/08/09, E10/12)

Durchführung:

Löse jeweils eine Probe in Heptan und tropfe das Nachweismittel hinzu. Eine Entfärbung weist auf Mehrfachbindung in den Molekülen hin.

Baeyer-Reagenz

Fett (Kokosfett, Sojaöl oder Margarine), in Heptan gelöst

Beobachtung und Auswertung:

Notiere deine Beobachtungen. Leite eine Schlussfolgerung zur Zusammensetzung pflanzlicher Fette ab.

Aufgaben

1 — Definiere die Begriffe essenzielle, gesättigte und ungesättigte Fettsäuren.

2 — Erkläre, warum Fette keine bestimmte Schmelztemperatur besitzen. Nenne jeweils zwei Beispiele für fette Öle und feste Fette.

3 — Begründe, weshalb pflanzliche Fette und Fisch für die Ernährung so wichtig sind. ↗ S. 132

4 — Deine Eltern ärgern sich, weil euer Olivenöl zu Hause so schnell ranzig wird. Erkläre ihnen, wie ihr das Olivenöl lagern müsst, damit es möglichst lange haltbar bleibt. ➕

⊕ Wusstest du schon …

Vom Öl zur Margarine

Die Geschichte der Margarine begann im 19. Jahrhundert, als der französische Kaiser Napoleon III. zur Versorgung seiner Armee ein Streichfett wünschte. Es sollte billiger sein als Butter und trotzdem wohlschmeckend, nahrhaft sowie lange haltbar. Damals mischten die französischen Chemiker Milch, Wasser, Rindertalg und das Enzym Lab zusammen und erfanden so die **Margarine.**

Heute bilden zumeist Pflanzenöle die Grundlage für den Butterersatz. Das Öl wird durch Auspressen oder Extrahieren gewonnen, gereinigt und mit weiteren Zutaten zur Margarine verarbeitet.

Durch die Reaktion mit Wasserstoff werden Öle teilweise „gehärtet", also zu festen Fetten umgewandelt. Bei der Fetthärtung können allerdings gesundheitsschädliche Nebenprodukte entstehen. Außerdem werden bei der Härtung Vitamine zerstört, die nachträglich wieder zugesetzt werden müssen.

Zutaten für Margarine	
Bestandteile	**Beispiele**
Öl bzw. Fett	Sonnenblumenöl, Sojaöl, Rapsöl, Palmöl, Kokosfett (z. T. gehärtet)
Emulgatoren	Lecithin
Milch	Sauermilch, Dickmilch, Buttermilch
Speisesäuren	Citronensäure, Milchsäure
Aromen	meist natürliche Aromen
Vitamine	Vitamin A, D und E
Farbstoffe	β-Carotin
Wasser, Salz	

Darüber hinaus muss Lecithin zur Margarine gegeben werden. Dieser **Emulgator** bewirkt, dass sich Fette, Öle und Wasser nicht entmischen und dass die Margarine lange streichfähig bleibt.

Beschreibe die Herstellung von Margarine aus Pflanzenfett.

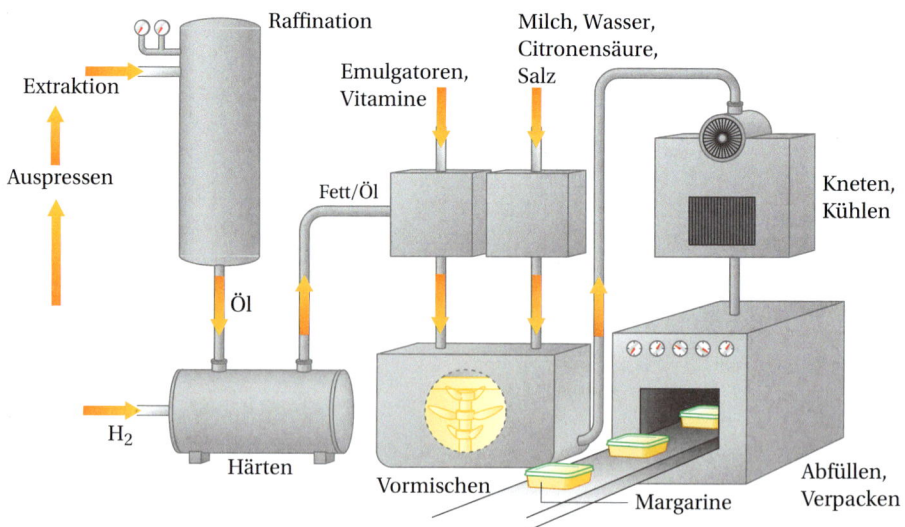

Emulsionen in Küche und Bad

Vollmilch enthält mindestens 3,5 % Fett und etwa 87 % Wasser. Obwohl Fett in Wasser eigentlich nicht löslich ist, sieht Vollmilch auf den ersten Blick wie eine homogene Lösung aus.

Unter dem Mikroskop kannst du jedoch erkennen, dass es sich bei Vollmilch um eine **Emulsion** – also um ein heterogenes Stoffgemisch – handelt. Bei der Öl-in-Wasser-Emulsion sind viele winzige Öltröpfchen im Wasser verteilt. Die Öl- bzw. Fetttröpfchen sind umgeben von Eiweißmolekülen. Sie besitzen ein polares und ein unpolares Molekülende und sind daher mit Wasser und mit Fett mischbar. Sie wirken als **Emulgatoren** und verhindern, dass sich Öl und Wasser schnell entmischen.

Trotzdem setzt sich das Milchfett bei längerem Stehen als Rahm an der Oberfläche ab. Um dieses Aufrahmen zu verhindern, wird Milch homogenisiert, d. h., sie wird durch feine Düsen gepresst, wodurch die Fetttröpfchen besonders fein verteilt werden.

In Butter und Margarine ist es gerade umgekehrt: Wassertröpfchen sind von Öl bzw. Fett umgeben. Deshalb sprechen wir hier von Wasser-in-Öl-Emulsionen. Solche Stoffgemische finden wir in der Küche und im Bad.

So sind kosmetische Produkte wie Lippenstifte und Pflegecremes für die Nacht Wasser-in-Öl-Emulsionen.

Die fettreichen Hautpflegemittel ziehen schnell ein und bilden einen Film auf der Haut, der die Wasserabgabe hemmt. Unter diesem Schutz kann sich die Haut in der Nacht optimal regenerieren.

Tagsüber trägt die kluge Frau dagegen lieber Öl-in-Wasser-Emulsionen auf. Die fettarmen Tagescremes binden die Hautfeuchtigkeit, weil sie Wasser anziehendes Glycerol enthalten. Außerdem erlauben sie das Auftragen von Make-up und Lidschatten, die auf einer Fettschicht schnell zerlaufen würden.

Durch diese Tricks bleibt die Haut frisch und der Look kann sich sehen lassen.

Stoff	Anteil
Wasser	≈ 87 %
Fett	> 3,5 %
Kohlenhydrate	4,5 %
Eiweiße	3,5 %
weitere	< 1,5 %

Zusammensetzung von Vollmilch

Milch und Cremes sind Emulsionen.

⟳ Das hast du gelernt

Fette als Nährstoffe

Fette sind Stoffgemische. Ihre Moleküle bestehen aus Glycerolmolekülen, die jeweils mit drei Fettsäureresten verbunden sind.

Grundbausteine	Bedeutung	Vorkommen	Nachweis
Glycerol und Fettsäuren	Energiespeicher, Wärmeisolierung, Schutzfunktion	– tierische Fette wie Butter, Schmalz oder Tran – pflanzliche Fette wie Olivenöl oder Kokosfett	Fettfleckprobe

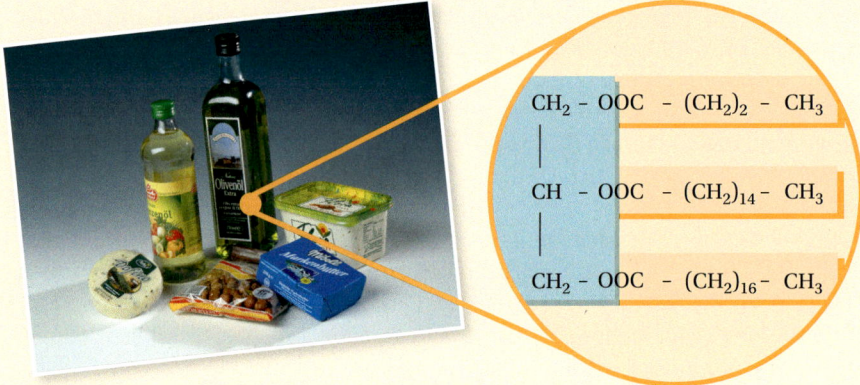

$$CH_2 - OOC - (CH_2)_2 - CH_3$$
$$|$$
$$CH - OOC - (CH_2)_{14} - CH_3$$
$$|$$
$$CH_2 - OOC - (CH_2)_{16} - CH_3$$

Fettsäuren

Fettsäuren sind unverzweigte Carbonsäuren mit einer geraden Anzahl von Kohlenstoffatomen im Molekül. Wir unterscheiden **gesättigte und ungesättigte Fettsäuren.**

Ungesättigte Fettsäuren sind für uns essenziell und müssen mit der Nahrung aufgenommen werden. Sie sind vor allem in pflanzlichen Fetten enthalten.

Löse mit Köpfchen

1. Gefährliche Fettbrände

Brennendes Fett darfst du niemals mit Wasser löschen. Erkläre, warum es dabei zu einer Fettexplosion kommen kann, wie die Feuerwehr bei einer Übung zeigt.

🍽 ↗ S. 101

2. Hilfe, ein Fettfleck!

a) Erkläre, warum du einen Fettfleck in der Kleidung nicht mit Wasser entfernen kannst.
b) Nenne Lösungsmittel, die besser geeignet sind als Wasser.

3. Gesunde Fette?

Ernährungsberater empfehlen, vorwiegend pflanzliche und wenig tierische Fette zu sich zu nehmen.
a) Vergleiche die Struktur der Moleküle pflanzlicher und tierischer Fette.
🍽 ↗ S. 133
b) Diskutiere mit deinem Nachbarn, ob Fette wirklich gesund sein können. 👥

4. Homogen oder heterogen?

In einer Zeitschrift steht: „Butter ist aus chemischer Sicht eine Wasser-in-Öl-Emulsion, also ein heterogenes Stoffgemisch."
a) Plane ein Experiment, um zu überprüfen, ob diese Aussage wahr ist.
b) Erkläre, wie gewährleistet wird, dass sich die Bestandteile der Butter nicht im Laufe der Zeit entmischen. ➕

5. Chemie in Kosmetik

Kosmetische Produkte entfalten ihre gewünschte Wirkung nur, wenn die Chemie stimmt.
Informiert euch über die Zusammensetzung von Cremes, MakeUp, Lippenstiften und Co.
Veranstaltet dazu einen Workshop, auf dem ihr die einzelnen Produkte vorstellt.
👥 🍽 ↗ S. 119

6. Fett oder Öl?

Kokosfett und Leinöl sind pflanzliche Fette. Welche chemische Zusammensetzung vermutest du jeweils? Begründe deine Antwort. 🍽 ↗ S. 132

7. Ohne Seife

Erkläre, warum ein Fettfleck aus der Kleidung nicht mit Wasser entfernt werden kann, warum jedoch eine Reinigung mit Ethanol möglich ist.

8. Besonders schlau?

Ein Bauer kommt auf die Idee, Rindertalg als Schmiermittel für seine Werkzeuge und Maschinen einzusetzen. Bewerte diese Idee. 👆 ↗ S. 109

9. Besondere Inhaltsstoffe

Für eine gesunde Ernährung werden vielfach fettreduzierte Nahrungsmittel wie Halbfettmargarine beworben. Sie enthalten häufig große Mengen an Wasser und Emulgatoren.
a) Erläutere die Funktionsweise von Emulgatoren. 🍽 ↗ S. 133
b) Entwickle ein Experiment, um nachzuweisen, dass es sich bei der Halbfettmargarine um eine Emulsion handelt. ➕

> Wodurch unterscheiden sich flüssige und feste Fette?

Wahlthema Waschmittel

Seifen

Wenn du deine Hände wäschst, greifst du zu einem Stück Seife. Woraus besteht eigentlich Seife?

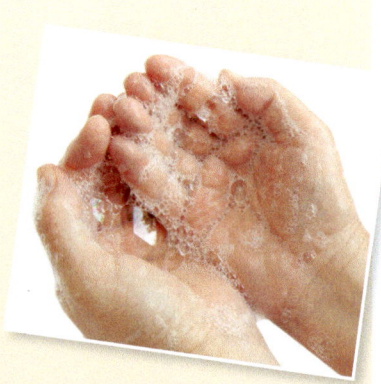

Seifen entstehen durch Verseifung von Fetten.

S   Erforsche es

Aufgabe:
Untersuche die Eigenschaften von Seifenlösungen.

Durchführung:
Schneide aus Alufolie das Modell eines Teichläufers aus. Setze das Modell vorsichtig auf eine Wasseroberfläche. Gib wenige Tropfen Seifenlösung hinzu.

Beobachtung und Auswertung:
Beschreibe deine Beobachtungen. Erkläre diese Erscheinung.

Die *eine* Seife gibt es nicht. Seifen bilden eine **Stoffgruppe.** Sie werden aus **Fetten** hergestellt.
Wenn man z.B. Rindertalg mit Natriumhydroxid bzw. Kaliumhydroxid kocht, erhält man schäumende Seifen.

Die Fette werden durch Natriumhydroxid gespalten. Bei der Reaktion entstehen die **Salze der Fettsäuren** und Glycerol. Diese Reaktion wird auch **Verseifung** genannt.

$$\text{Fett} + \text{Lauge} \longrightarrow \text{Salze der} + \text{Glycerol} \atop \text{Fettsäuren}$$

- Seifen sind die Natrium- oder Kaliumsalze von Fettsäuren.

Die Seifen sind gut wasserlöslich. Ihre **Waschwirkung** beruht auf Wechselwirkungen der Seifen-Ionen mit den Wassermolekülen.
Zwischen den Wassermolekülen wirken starke Anziehungskräfte. Sie bedingen den Zusammenhalt der Flüssigkeit. Die **Oberflächenspannung** des Wassers ist deshalb sehr hoch.
Die Seifen verringern die Oberflächenspannung des Wassers. Erst dadurch kann das Wasser unsere Haut oder Textilien benetzen.

In wässriger Lösung liegen Seifen-Ionen und Natrium- bzw. Kalium-Ionen vor. Ein Seifen-Ion besteht aus einem unpolaren Alkylrest und der polaren **Carboxylatgruppe (–COO⁻)**. Die beiden Enden verhalten sich unterschiedlich gegenüber dem Wasser.

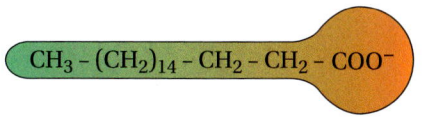

Alkylrest:
wasserabweisend
(hydrophob)

Carboxylatgruppe:
wasserfreundlich
(hydrophil)

Die Seifen-Ionen lagern sich an der Wasseroberfläche an. Dadurch verringern sie die Anziehungskräfte zwischen den Wassermolekülen. Die Oberflächenspannung der Lösung nimmt ab.

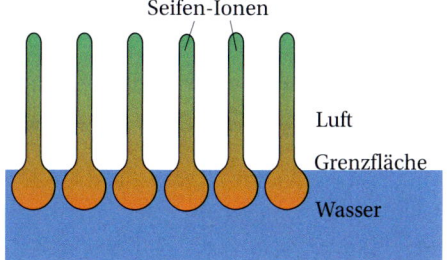

Seifen-Ionen

Luft

Grenzfläche

Wasser

Beim Waschen von Textilien dringen die Alkylgruppen der Seifen-Ionen in die Schmutzteilchen ein. An deren Oberfläche befinden sich nun die negativ geladenen Carboxylgruppen. Da sich diese gegenseitig abstoßen, lockert sich der Schmutz. Er wird durch die Bewegung der Wäsche von der Faser abgelöst. Die Schmutzteilchen können weggespült werden.

> Die Waschwirkung von Seifen beruht auf dem Bau der Seifen-Ionen. Die Ionen bestehen jeweils aus einem wasserabweisenden und einem wasserfreundlichen Teil.

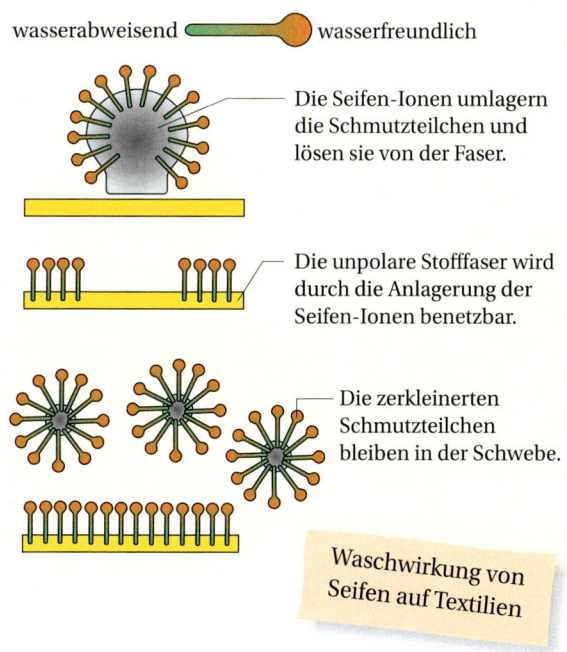

wasserabweisend   wasserfreundlich

Die Seifen-Ionen umlagern die Schmutzteilchen und lösen sie von der Faser.

Die unpolare Stofffaser wird durch die Anlagerung der Seifen-Ionen benetzbar.

Die zerkleinerten Schmutzteilchen bleiben in der Schwebe.

Waschwirkung von Seifen auf Textilien

Aufgaben

1 _ Schon im Altertum kannten die Ägypter Verfahren, um Seifen herzustellen. Schlage ein Rezept für die Herstellung einer Seife aus Pflanzenöl vor.

2 _ Erkläre die Verringerung der Oberflächenspannung des Wassers durch Seifen. ➕

3 _ Fülle ein Reagenzglas randvoll mit Pflanzenöl. Tauche es vorsichtig in einen Standzylinder, der mit 250 ml Wasser gefüllt ist. Gib wenige Tropfen Flüssigseife auf die Wasseroberfläche, sodass die Tropfen direkt auf das Öl sinken. **S**
Beschreibe deine Beobachtungen. Erkläre sie anhand der besonderen Eigenschaften von Seifen.

4 _ Erläutere mithilfe der Abbildung oben, wie die Seifen-Ionen Schmutzteilchen von einer Stofffaser ablösen. ↗ S. 133

41

Erforsche es

Waschmittel – die fleißigen Helfer

Seifen werden auch heute noch durch Verseifung von Fetten mit Natriumhydroxid oder Kaliumhydroxid hergestellt. Die erhaltenen Natrium- und Kaliumsalze der Fettsäuren reagieren alkalisch. Sie zerstören den Säureschutzmantel der Haut.

Beim Waschen mit hartem Wasser reagieren im Wasser gelöste Calcium- und Magnesium-Ionen mit den Seifen-Anionen zu schwer löslichen **Kalkseifen.** Dadurch vergraut die Wäsche und riecht unangenehm.

S | Erforsche es

Herstellung von Kernseife

Durchführung:
Versetzt etwa 10 g Kokosfett mit 10 ml Wasser und bringt das Fett vorsichtig in einem Becherglas zum Schmelzen (Achtung: Spritzgefahr! Schutzbrille und Handschuhe benutzen!). Tropft sehr langsam 15 ml Natronlauge ($\omega \approx 25\,\%$, GHS05, E2) dazu. Kocht das Gemisch 30 Minuten lang unter leichtem Rühren, bis die Lösung klar erscheint. Versetzt den heißen Seifenleim mit 50 ml gesättigter Kochsalzlösung und lasst das Gemisch abkühlen. Wartet, bis sich ein halbwegs fester Seifenkern bildet, und schöpft ihn ab. Spült den Kern vorsichtig mit destilliertem Wasser ab und bestimmt den pH-Wert der Seifenlauge.

Beobachtung und Auswertung:
Notiert und erklärt eure Beobachtungen.

1. Diskutiert die Vor- und Nachteile von Seifen als Reinigungsmittel.

2. Begründet, warum die meisten Seifen in den Augen brennen. Was versteht man unter einer pH-neutralen Seife?

Aufgrund der vielen Nachteile der Seifen wurden speziell zum Waschen von Textilien **moderne Waschmittel** entwickelt. Sie enthalten hochwirksame **Tenside** als waschaktive Substanzen.

Tenside sind organische Verbindungen, deren Moleküle einen unpolaren wasserabweisenden und einen polaren wasserfreundlichen Teil enthalten. Deshalb sind Tenside grenzflächenaktive Stoffe.

Ihre Waschwirkung ähnelt der Waschwirkung der Seifen. Sie sind jedoch pH-neutral und reagieren nicht mit Calcium- und Magnesium-Ionen zu Kalkseifen. Folglich entfalten sie auch in hartem Wasser ihre volle Waschwirkung und sind verträglicher für die Haut und für Textilien.

S | Erforsche es

Tenside und hartes Wasser

Durchführung:
Löst etwas Kernseife (GHS07, E1) und etwas Waschmittel (GHS07, E1) in destilliertem Wasser. Gebt die beiden Laugen jeweils zu hartem Leitungswasser und zu einer Calciumchloridlösung.

Beobachtung und Auswertung:
Protokolliert eure Beobachtungen und erklärt sie.

Auch die Seifen gehören zu den Tensiden.

Neben Tensiden enthalten moderne Waschmittel eine Reihe anderer Stoffe. Dazu gehören auch Wasserenthärter wie Zeolithe oder Phosphate.
Sie vermindern die Bildung von Kalkseifen und unterstützen die Waschwirkung der Tenside.

Wenn Waschlaugen ungeklärt in die Gewässer gelangen, dann schädigen sie die Umwelt. Tenside reichern sich in Gewässern an und zerstören den Lebensraum der Wasserorganismen. Phosphate wirken als Dünger und führen zu massenhaftem Algenwachstum.

3. a) Definiert den Begriff Tenside.
   b) Informiert euch über die verschiedenen Gruppen von Tensiden.
   c) Diskutiert die Vor- und Nachteile von Seifen und anderen Tensiden.

4. Bringt unterschiedliche Waschmittel von zu Hause mit. Erstellt eine Übersicht über die Inhaltsstoffe und über deren Funktionen.

5. Erläutert den Unterschied zwischen einer Seife und einem Waschmittel.

6. Begründet, warum Tenside in Waschmitteln biologisch abbaubar sein müssen. Erkundet, welche gesetzlichen Regelungen dazu gelten.

7. Diskutiert in der Lerngruppe die Auswirkungen, die sich aus einem hohen Verbrauch an Waschmitteln auf die Umwelt ergeben.
   Entwickelt Vorschläge, um die Umweltverträglichkeit von Waschmitteln zu verbessern.

Inhaltsstoffe:
<5 % nichtionische Tenside, Seife, Phosphonate, Polycarboxylate, <5 % anionische Tenside, Bleichmittel auf Sauerstoffbasis, Enzyme, Duftstoffe, Optische Aufheller, Weißtöner

▌ Informiere dich, welche Inhaltsstoffe in den Waschmitteln enthalten sind, die ihr zu Hause benutzt.

Inhaltsstoff	Funktion
Tenside	lösen Schmutz von der Faser
Wasserenthärter	verhindern die Bildung von Kalkseifen
Bleichmittel	beseitigen farbige Flecken und Geruchsstoffe, töten Bakterien ab
Aufheller (Weißtöner)	verhindern das Vergrauen und das Vergilben der Wäsche
Schmutzbinder	verhindern das Absetzen des Schmutzes auf der Wäsche
Duftstoffe	verbessern den Geruch der Wäsche

S   Erforsche es

Weißtöner in Waschmitteln

Teste verschiedene Waschmittel (GHS07, E1) und stelle fest, ob sie Weißtöner enthalten.
Löse die Waschmittel in Leitungswasser und strahle die Lösung mit einer UV-Lampe an. Schütze dabei deine Augen! Nutze eine Seifenlösung als Vergleichsprobe.

⊕ Teste dich selbst

Bei manchen Wahlaufgaben gibt es mehrere richtige Antworten.

Wähle aus.

1 Traubenzucker eignet sich als schneller Energielieferant bei Müdigkeit, weil Glucose
   A ein energiereicher Stoff ist, der im Körper zu energiearmen Reaktionsprodukten „verbrannt" wird.
   B schlecht in Wasser löslich ist und deshalb nicht schon im Mund biochemisch abgebaut wird.
   C gut wasserlöslich ist und deshalb schnell über das Blut zu den Mitochondrien der Zellen transportiert werden kann.

2 Die elektrische Leitfähigkeit einer Zuckerlösung wird mit der Leitfähigkeit einer Kochsalzlösung gleicher Konzentration verglichen. Welches Ergebnis erwartest du?
   A Beide Lösungen leiten den Strom gleich gut.
   B Die Zuckerlösung leitet den Strom besser.
   C Die Salzlösung leitet den Strom besser.

3 Ein frischer Blutfleck auf der Kleidung wird am besten entfernt durch
   A Ausspülen mit kaltem Wasser.
   B vorsichtiges Erwärmen des Flecks über einer Kerze.
   C Trocknenlassen und anschließendes Ausreiben mit Essigessenz.

4 Die Struktur von Eiweißen kann durch verschiedene Umwelteinflüsse zerstört werden, z. B. durch:
   A Erhitzen
   B Zugabe von Ethanol
   C Zugabe von Natriumchloridlösung
   D Zugabe von Natriumhydroxidlösung

5 Gießt du Öl in ein Becherglas mit Wasser, dann entmischt sich die Emulsion nach kurzer Zeit, weil
   A die Masse der Fettmoleküle so groß ist, dass die Wassermoleküle sie nicht in der Schwebe halten können.
   B Fettmoleküle vor allem wegen der langen Alkylreste der Fettsäuren unpolar sind und deshalb nur schwache Wechselwirkungen mit Wassermolekülen eingehen.
   C das Gemisch keine Emulgatoren enthält, die dafür sorgen, dass kleine Fetttröpfchen in der Emulsion für einige Zeit stabilisiert werden.
   D sich der Aufbau der Fettmoleküle und der Wassermoleküle stark ähneln.

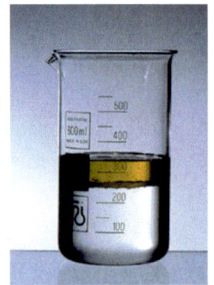

Beantworte ausführlich.

1 Deine Lehrkraft versetzt
Haushaltszucker und
Mehl in zwei verschiede-
nen Reagenzgläsern mit
konzentrierter Schwe-
felsäure.
Erkläre deine Beobach-
tungen anhand der
allgemeinen Summen-
formel der Kohlenhy-
drate.

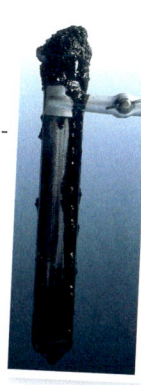

2 Erläutere die Rolle von Produzenten
und Konsumenten im Ökosystem.
Nutze dazu deine Kenntnisse aus dem
Biologieunterricht.

3 Baue dir einfache Modelle von vier
Aminosäuremolekülen mit unterschiedlichen Resten. Konstruiere aus
den vier Bausteinen so viele unterschiedliche Peptide wie möglich.

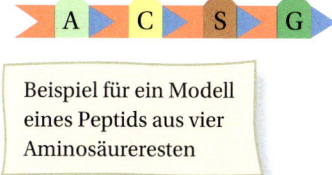

Beispiel für ein Modell
eines Peptids aus vier
Aminosäureresten

Notiere mindestens fünf verschiedene
Kombinationen. Erkläre anhand deiner Ergebnisse die Vielfalt der Peptide.

4 Beim Experimentieren tropft sich Lisa
versehentlich etwas Salpetersäure auf
die Haut. Ein gelber Fleck entsteht.
Begründe.

5 Medizinische Instrumente, Maschinen für die Abfüllung von Lebensmitteln und Flaschen für Babynahrung
müssen keimfrei, d. h. steril, gemacht
werden.
Nenne drei Möglichkeiten der Ste-
rilisation und erläutere deren Wirk-
prinzip.

6 Pflanzliche Öle wie Raps-
oder Olivenöl sind reich an
ungesättigten Fettsäuren.
Sage voraus, durch wel-
che chemische Reaktion
die Öle in feste Fette
umgewandelt wer-
den. Begründe deine
Aussage.

7 In Brand geratenes
Fett (z. B. Frittier-
fett) darf niemals
mit Wasser gelöscht werden.
Erkläre, warum diese Regel bei der
Brandbekämpfung unbedingt beachtet werden muss.

8 Interpretiere folgende Grafik. Leite
eine begründete Schlussfolgerung für
die Ernährung ab.

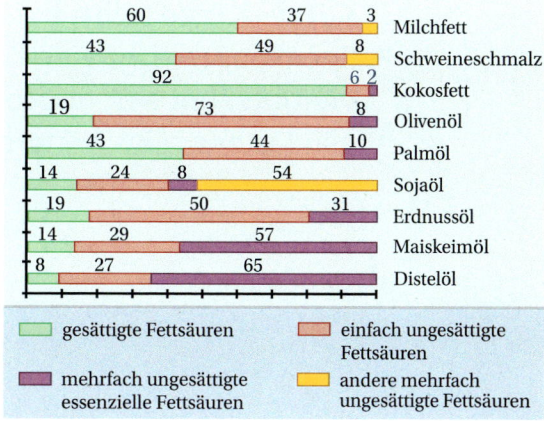

Ordnen von Stoffen

Nicht nur aus dem Chemielabor, auch aus dem Alltag kennst du viele Stoffe.

Eine Vielzahl von Stoffen

Auf dem Foto siehst du eine Auswahl an Stoffen, die im Chemieunterricht eine Rolle gespielt haben.

Vermute, um welche Stoffe es sich handelt. Ergänze mindestens zehn weitere Stoffe.

Ordnung ist das halbe Leben
Die Menge an Stoffen ist riesig und wird täglich größer.
Die Fülle ist nicht zu durchschauen, Zusammenhänge
sind nicht immer zu erkennen, Ursache und Wirkung
manchmal schwer zu unterscheiden. Wichtig ist,
Ordnung in die Vielfalt zu bringen.
Entwickle ein System zum Ordnen von Stoffen und
erläutere es.

Stoffe im Visier
Jeder Stoff weist eine ganz typische Kombination von
chemischen und physikalischen Eigenschaften auf.
Erläutere, wo die Ursachen für gemeinsame und unterschiedliche Eigenschaften von Stoffen liegen.

Kandiszucker

Gold

Diamant

Ordnung in der Vielfalt

Die Welt besteht aus Stoffen

Die Vielfalt von Stoffen ist riesengroß. Mittlerweile kennst du unterschiedliche Gruppen von Stoffen. Zähle verschiedene Beispiele auf.

Alle diese Stoffe weisen gemeinsame und unterschiedliche Eigenschaften auf. Eine ganz bestimmte Kombination von Eigenschaften ist jedoch für jeden Stoff charakteristisch. Stoffe besitzen physikalische und chemische Eigenschaften. Anhand dieser Eigenschaften lassen sie sich identifizieren.

Die Ursachen für diese Eigenschaften sind im Teilchenbereich zu suchen.
Sie werden einerseits durch die Teilchen bestimmt, aus denen der Stoff besteht. Das sind
– Atome,
– Moleküle (aus Atomen eines Elements oder verschiedener Elemente) oder

– positiv und negativ geladene Ionen (einfach oder zusammengesetzt).
Andererseits sind die Kräfte, die zwischen diesen Teilchen wirken, entscheidend für die Eigenschaften eines Stoffs. Der Zusammenhalt zwischen den Teilchen kann u. a. hervorgerufen werden durch
– Atombindung (unpolare und polare),
– Ionenbindung oder
– Metallbindung.

> ● Die Art der Teilchen und die Kräfte, die zwischen ihnen wirken (submikroskopischer Bereich), bestimmen die Eigenschaften der Stoffe (makroskopischer Bereich).

■ Wende das Teilchenmodell auf ein konkretes Beispiel an.

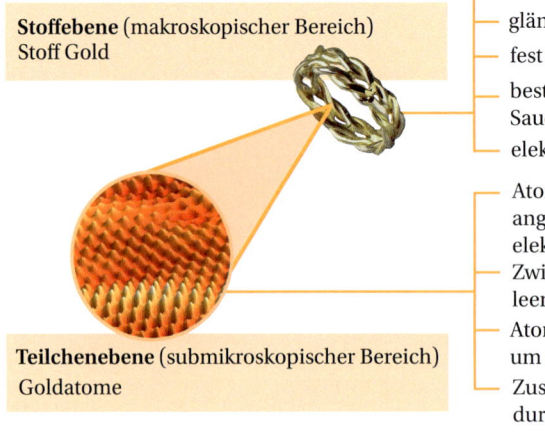

Stoffebene (makroskopischer Bereich)
Stoff Gold

Teilchenebene (submikroskopischer Bereich)
Goldatome

– gelb
– glänzend
– fest
– beständig gegenüber Sauerstoff der Luft
– elektrisch leitfähig

Eigenschaften

Atome sind regelmäßig angeordnet, Außenelektronen leicht verschiebbar.
Zwischen den Atomen ist leerer Raum.
Atome schwingen jeweils um einen Punkt.
Zusammenhalt im Kristall durch Metallbindung

Struktur

Die Struktur bedingt die Eigenschaften.

Eigenschaften im Test

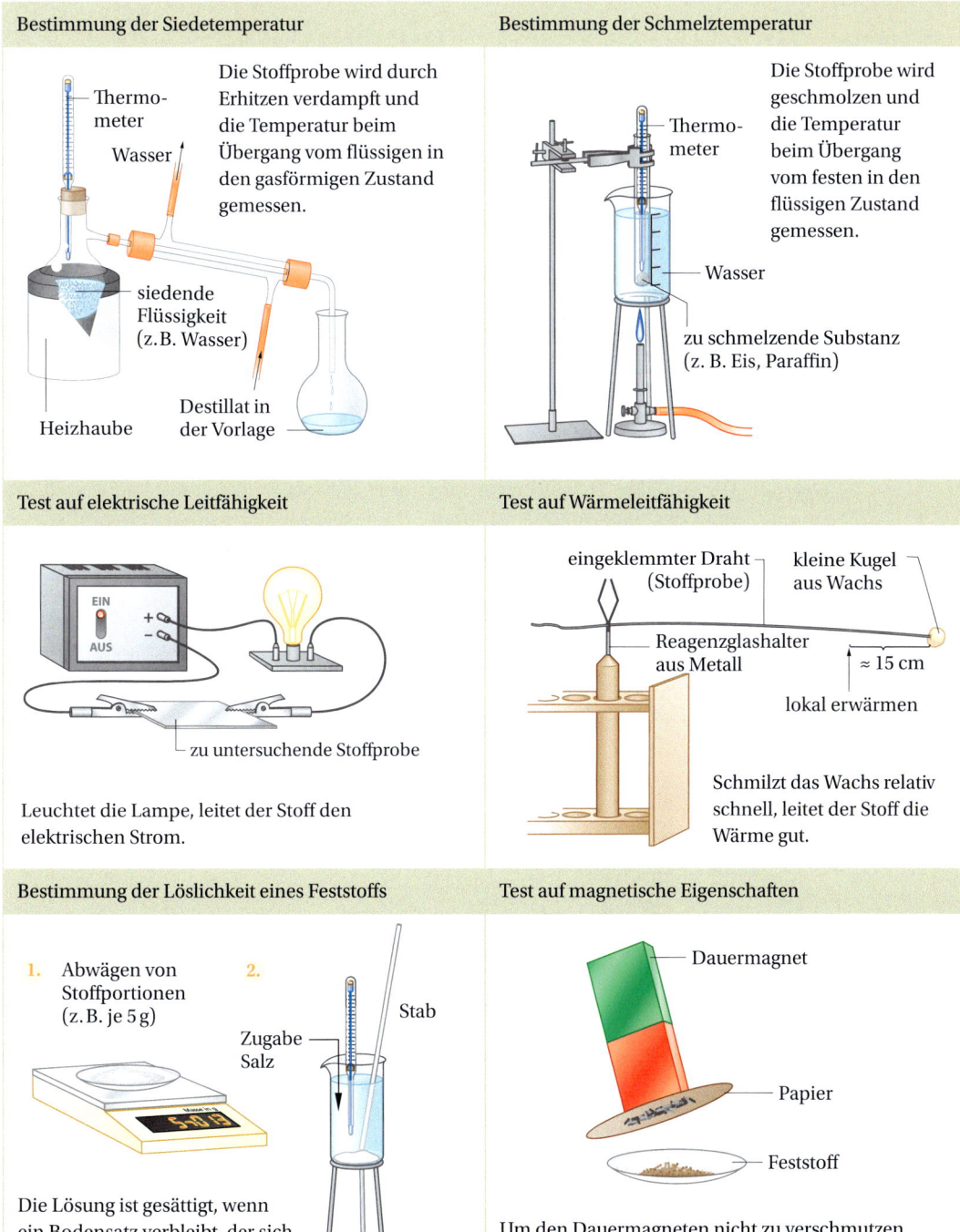

Bestimmung der Siedetemperatur

Die Stoffprobe wird durch Erhitzen verdampft und die Temperatur beim Übergang vom flüssigen in den gasförmigen Zustand gemessen.

Thermometer
Wasser
siedende Flüssigkeit (z. B. Wasser)
Destillat in der Vorlage
Heizhaube

Bestimmung der Schmelztemperatur

Die Stoffprobe wird geschmolzen und die Temperatur beim Übergang vom festen in den flüssigen Zustand gemessen.

Thermometer
Wasser
zu schmelzende Substanz (z. B. Eis, Paraffin)

Test auf elektrische Leitfähigkeit

EIN
AUS
zu untersuchende Stoffprobe

Leuchtet die Lampe, leitet der Stoff den elektrischen Strom.

Test auf Wärmeleitfähigkeit

eingeklemmter Draht (Stoffprobe)
kleine Kugel aus Wachs
Reagenzglashalter aus Metall
≈ 15 cm
lokal erwärmen

Schmilzt das Wachs relativ schnell, leitet der Stoff die Wärme gut.

Bestimmung der Löslichkeit eines Feststoffs

1. Abwägen von Stoffportionen (z. B. je 5 g)
2.
Zugabe Salz
Stab

Die Lösung ist gesättigt, wenn ein Bodensatz verbleibt, der sich beim Rühren nicht löst.

Test auf magnetische Eigenschaften

Dauermagnet
Papier
Feststoff

Um den Dauermagneten nicht zu verschmutzen, wird er mit Papier geschützt.

Bei Wasserstoff handelt es sich um eine Molekülsubstanz.

Einzelne Atome sind energetisch nicht stabil, denn sie besitzen nur ein Außenelektron. Den stabilen Zustand erreichen sie erst, wenn sie zwei Außenelektronen aufweisen. Das ist in den Molekülen der Fall. Im Molekül wird zwischen beiden Atomen ein gemeinsames Elektronenpaar ausgebildet. Es wird von beiden Atomkernen gleich stark angezogen.

Die anziehenden Kräfte zwischen dem Elektronenpaar und den Atomkernen bewirken den Zusammenhalt der Atome im Molekül.

Die Art der Bindung heißt **Atombindung oder Elektronenpaarbindung.**

Zwischen den Molekülen gibt es jedoch nur schwache Anziehungskräfte, weil die Moleküle so klein sind. Aufgrund dieser geringen zwischenmolekularen Kräfte ist Wasserstoff gasförmig.

> Die Atombindung ist eine chemische Bindung, die auf der Anziehung gemeinsamer Elektronenpaare (negative Ladung) und Atomkernen (positive Ladung) beruht.

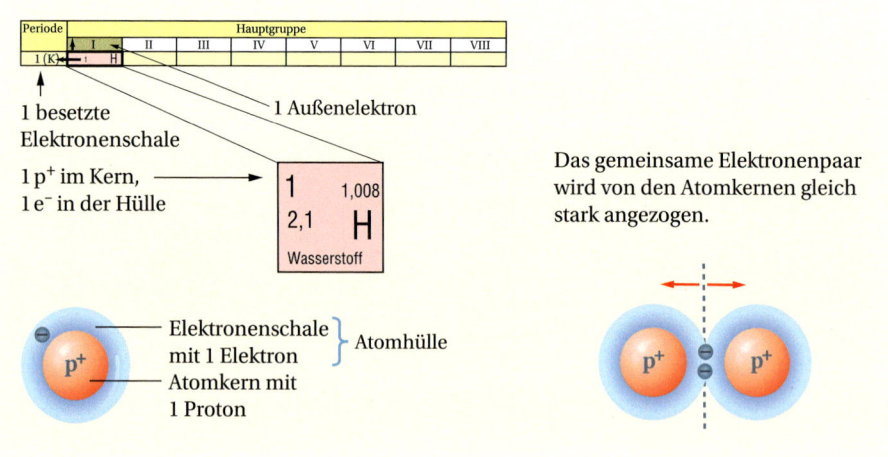

1 besetzte Elektronenschale

1 Außenelektron

$1\,p^+$ im Kern, $1\,e^-$ in der Hülle

1	1,008
2,1	H
Wasserstoff	

Elektronenschale mit 1 Elektron ⎱ Atomhülle
Atomkern mit 1 Proton

Das gemeinsame Elektronenpaar wird von den Atomkernen gleich stark angezogen.

Beschreibe den Bau des Wasserstoffatoms und des Wasserstoffmoleküls.

Wasserstoff – eine Molekülsubstanz mit unpolaren Molekülen

Eigenschaften von Wasserstoff

- gasförmig (sehr geringe Schmelz- und Siedetemperatur)
- brennbar, reagiert mit Sauerstoff im Verhältnis 1 : 2 explosiv
- sehr geringe Dichte

Bau des Stoffs

- Moleküle aus je zwei Wasserstoffatomen, Zusammenhalt im Molekül durch Atombindung
- unpolare Moleküle
- geringe Anziehungskräfte zwischen den Molekülen

Der Bau bedingt die Eigenschaften.

Aufgrund der geringen Masse der Wasserstoffatome hat Wasserstoff eine sehr geringe Dichte.

Aufgaben

1 — Erläutere die obige Grafik.
2 — Erkläre unter Nutzung der obigen Grafik, warum Wasserstoff den elektrischen Strom nicht leitet.
    ↗ S. 101
3 — Erkläre, warum Wasserstoff bei Normbedingungen ein gasförmiger Stoff ist.
    ↗ S. 101
4 — Wasserstoff kann pneumatisch aufgefangen werden. Erläutere an diesem Beispiel den Zusammenhang von Bau und Eigenschaften. ↗ S. 133
5 — Alkane sind aus unpolaren Molekülen aufgebaut.

Erläutere, warum innerhalb der homologen Reihe der Alkane die Siedetemperaturen ansteigen. ⊕

Alkan	Siedetemperatur
Methan	−161,5 °C
Ethan	− 88,6 °C
Propan	− 42,1 °C
Butan	− 0,5 °C
Pentan	36,1 °C
Hexan	38,7 °C

Alkane: kettenförmige Kohlenwasserstoffe, nur Einfachbindungen zwischen C-Atomen

51

Ordnung in der Vielfalt

Sonderfall Wasser

Erstelle einen Steckbrief.
Recherchiere Eigenschaften,
Bau und Verwendung.
Gehe besonders auf die
Anomalie des Wassers ein.

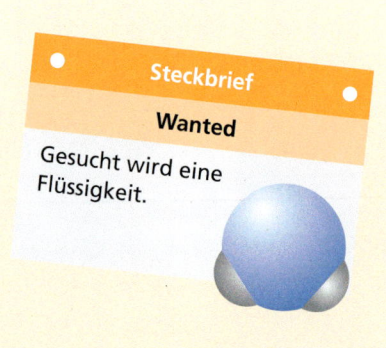

Steckbrief

Wanted

Gesucht wird eine
Flüssigkeit.

Wasser ist ebenfalls eine Molekülsubstanz. Trotz relativ kleiner Moleküle ist Wasser aber nicht gasförmig, sondern zwischen 0 und 100 °C flüssig. Die Ursache liegt im Bau begründet.

Der Zusammenhalt der Atome im Molekül erfolgt über gemeinsame Elektronenpaare. Diese werden jedoch vom Sauerstoffatom stärker angezogen als von den Wasserstoffatomen. Das Bestreben, gemeinsame Elektronenpaare anzuziehen, heißt **Elektronegativität (EN).** Sauerstoffatome haben eine größere Elektronegativität als Wasserstoffatome. Dadurch kommt es im Molekül zur Ladungsverschiebung. Am Sauerstoffatom ergibt sich eine negativer Ladungsschwerpunkt (–), an den Wasserstoffatomen ein positiver (+). Das Wassermolekül ist ein **Dipol.**

> Die polare Atombindung ist eine Atombindung, bei der die gemeinsamen Elektronen von dem Bindungspartner mit der höheren Elektronegativität stärker angezogen werden.

Modelle vom Bau
des Wassermoleküls

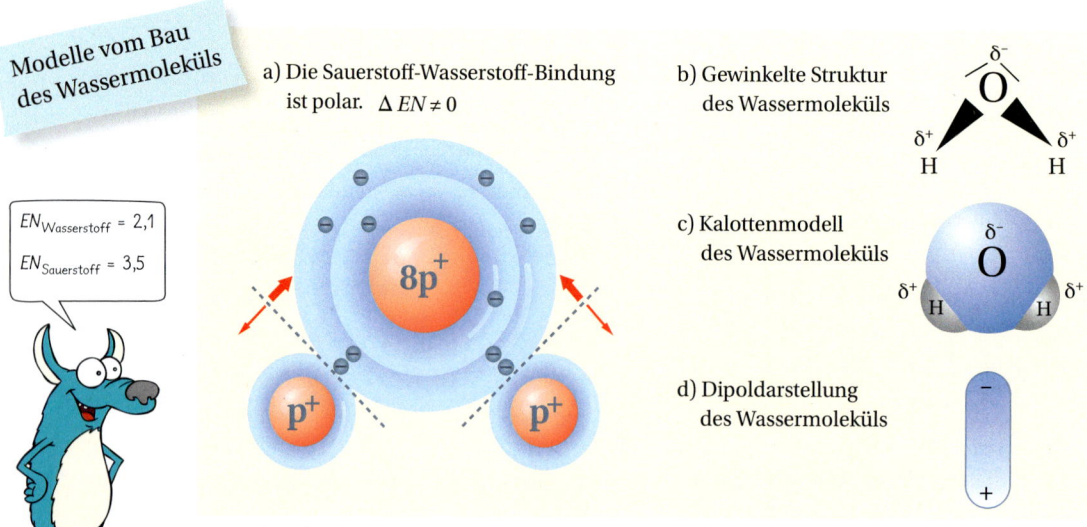

a) Die Sauerstoff-Wasserstoff-Bindung ist polar. $\Delta EN \neq 0$

b) Gewinkelte Struktur des Wassermoleküls

c) Kalottenmodell des Wassermoleküls

d) Dipoldarstellung des Wassermoleküls

$EN_{Wasserstoff} = 2{,}1$

$EN_{Sauerstoff} = 3{,}5$

Beschreibe den Bau des Sauerstoffatoms, der Wasserstoffatome und des Wassermoleküls.

Wasser – eine Molekülsubstanz mit polaren Molekülen

Eigenschaften von Wasser

– zwischen 0 und 100 °C flüssig
– dehnt sich beim Gefrieren aus
– Dichteanomalie
– Lösungsmittel für viele Stoffe
– hohe Wärmekapazität

Bau

– bestehend aus Dipolmolekülen (weisen Ladungsschwerpunkte auf); Zusammenhalt im Molekül durch polare Atombindung
– starke anziehende Kräfte zwischen den Molekülen

Der Bau bedingt die Eigenschaften.

Aufgrund der starken anziehenden Kräfte zwischen den Dipolmolekülen ist Wasser bei Normbedingungen flüssig.

Infolge der polaren Atombindungen wirken zwischen den Molekülen starke anziehende Kräfte. Sie bewirken einen gewissen Zusammenhalt der Moleküle.

Durch diese zwischenmolekularen Kräfte ist Wasser trotz der kleinen Moleküle bei Normbedingungen flüssig.

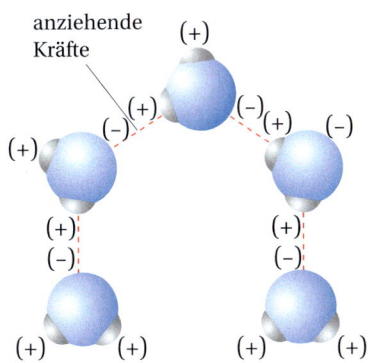

anziehende Kräfte

Aufgaben

1 __ Man spricht von der Anomalie des Wassers. Erläutere, was damit gemeint ist. ↗ S. 133

2 __ Erkläre, warum Wasser bei Raumtemperatur flüssig ist, Sauerstoff jedoch nicht. ↗ S. 101

3 __ Reibe ein Plastiklineal an einem Wolllappen. Halte es in die Nähe eines Wasserstrahls. Notiere und erkläre deine Beobachtung.

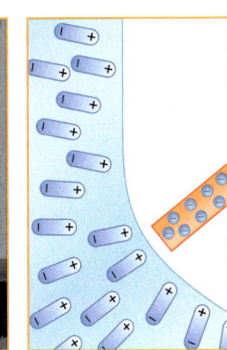

Ordnung in der Vielfalt

Ionensubstanz: Kochsalz

Erstelle einen Steckbrief.
Recherchiere Eigenschaften,
Bau und Verwendung.
Notiere fünf ähnlich gebaute Stoffe.

Steckbrief

Wanted

Gesucht wird eine salzig schmeckende, kristalline Substanz.

Zu den Ionensubstanzen gehören u.a. Salze, Metallhydroxide und einige Oxide.

Die unterschiedliche elektrische Leitfähigkeit der Kristalle, Schmelzen und Lösungen sind charakteristische Eigenschaften für Salze und ähnlich gebaute Stoffe. Es handelt sich um **Ionensubstanzen.**

Ihre Kristalle sind aus entgegengesetzt geladenen Ionen (einfachen oder zusammengesetzten Ionen) aufgebaut. Aus dem Verhältnis der Ionen und ihrer Anordnung im Kristall ergeben sich die Kristallformen. Zwischen den entgegengesetzt geladenen Ionen wirken starke Anziehungskräfte in alle Richtungen des Raumes.

Durch diese **Ionenbindung** wird der Zusammenhalt im Kristall bewirkt.
Dieser Bau der Ionensubstanzen bestimmt u. a. die unterschiedliche elektrische Leitfähigkeit der Feststoffe und ihrer Lösungen: In Lösungen und Schmelzen sind die Ionen frei beweglich und können somit Ladungen transportieren, im Feststoff befinden sie sich auf festen Gitterplätzen.

> Die Ionenbindung ist eine chemische Bindung, die auf elektrostatischen Anziehungskräften zwischen entgegengesetzt geladenen Ionen beruht.

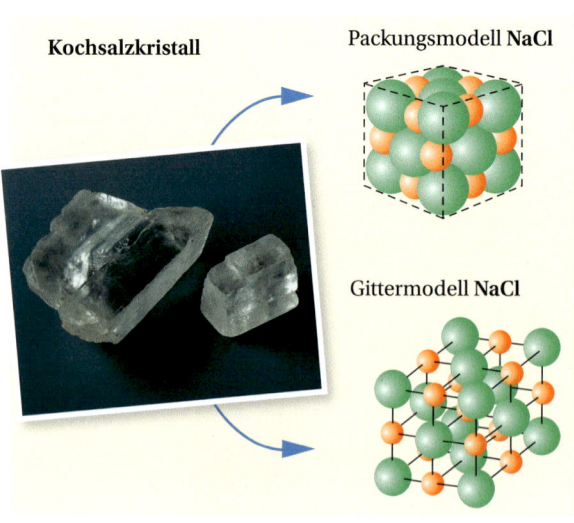

Kochsalzkristall

Packungsmodell **NaCl**

Gittermodell **NaCl**

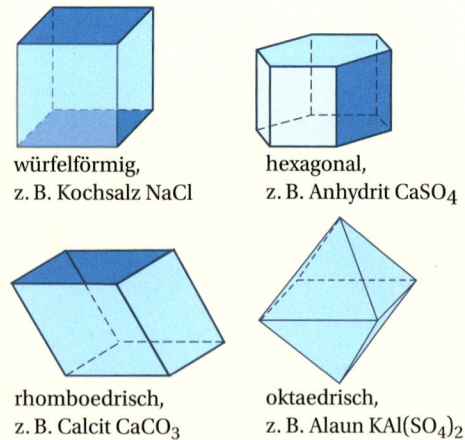

Mögliche Kristallformen von Ionensubstanzen

würfelförmig,
z. B. Kochsalz NaCl

hexagonal,
z. B. Anhydrit $CaSO_4$

rhomboedrisch,
z. B. Calcit $CaCO_3$

oktaedrisch,
z. B. Alaun $KAl(SO_4)_2$

▌ Beschreibe unter Nutzung der Modelle den Bau des Kochsalzkristalls.

Kochsalz (Natriumchlorid) – eine Ionensubstanz

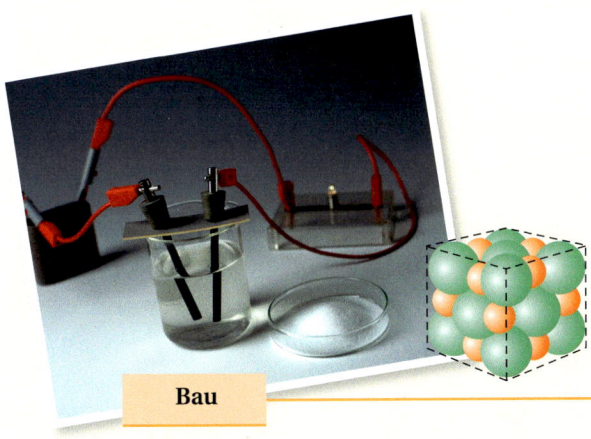

Eigenschaften von Natriumchlorid

– fest bei Normbedingungen
– hart, spröde
– hohe Schmelz- und Siedetemperatur
– Feststoff nicht elektrisch leitfähig
– Lösungen und Schmelzen elektrisch leitfähig

Bau

– Kristall aus regelmäßig angeordneten Natrium- und Chlorid-Ionen
– starke Kräfte zwischen den entgegengesetzt geladenen Ionen (Ionenbindung)

Der Bau bedingt die Eigenschaften.

Beim Lösen in Wasser werden die Ionen frei beweglich. Aufgrund der frei beweglichen Ladungsträger sind Kochsalzlösungen elektrisch leitfähig.

Aufgaben

1 — Nenne verschiedene Ionensubstanzen und gib jeweils die positiv geladenen und negativ geladenen Ionen an, aus denen die Stoffe zusammmegesetzt sind.

2 — Durch einen Schlag mit dem Hammer ist diese Marmorkachel in viele Teile zersprungen. Erkläre dieses Phänomen. Nutze deine Kenntnisse über den Bau des Stoffs. 📖 ↗ S. 101

3 — Natriumhydroxid gehört zu den Ionensubstanzen. Beschreibe den Bau der Kristalle und interpretiere das Foto. ➕

4 — Vergleiche Bau und Eigenschaften der beiden Stoffe Natriumchlorid und Natriumhydroxid. 📖 ↗ S. 133

5 — Erläutere, warum Ionensubstanzen im Allgemeinen bei Normbedingungen fest sind. 📖 ↗ S. 133

Ordnung in der Vielfalt

Metall: Aluminium

Erstelle einen Steckbrief.
Recherchiere Eigenschaften,
Bau und Verwendung.
Notiere fünf ähnlich gebaute Stoffe.

Steckbrief

Wanted

Gesucht wird ein silber-
glänzender Feststoff.

Aluminium gehört zu den Metallen. Metallatome besitzen nur ein bis drei Außenelektronen. Diese befinden sich weit vom Atomkern entfernt und können leicht abgegeben werden. Sie sind in der Gitterstruktur **frei beweglich** und bilden das sogenannte Elektronengas. Nach der Elektronenabgabe stimmt die Zahl der Protonen und Elektronen in den Atomen nicht mehr überein. Aus den neutralen Atomen entstehen am selben Gitterplatz **positiv geladene Metall-Ionen.** Durch Aufnahme und Abgabe von Elektronen findet ein ständiger (dynamischer) Wechsel zwischen neutralen Atomen und positiven Metall-Ionen statt.

Zwischen den positiv geladenen Metall-Ionen und den frei beweglichen elektrisch negativ geladenen Elektronen wirken relativ starke elektrostatische Anziehungskräfte. Diese **Metallbindung** bewirkt den Zusammenhalt im Kristall.

Die **elektrische Leitfähigkeit** beruht auf den frei beweglichen Elektronen, die im Metallkristall vorhanden sind. Unter dem Einfluss einer Gleichspannung bewegen sie sich gerichtet, sodass es zu einem Ladungstransport (Strom) kommt.

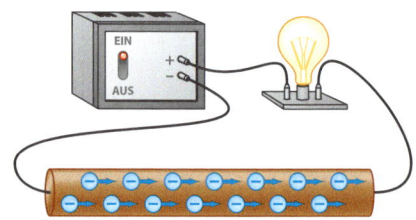

Die Metallbindung ist eine chemische Bindung, die durch die Anziehung zwischen den positiv geladenen Metall-Ionen und den negativ geladenen, frei beweglichen Elektronen bewirkt wird.

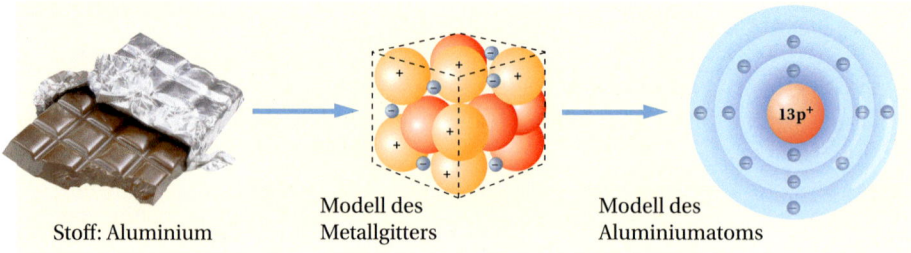

Stoff: Aluminium   Modell des Metallgitters   Modell des Aluminiumatoms

Beschreibe unter Nutzung der Modelle den Bau von Aluminium.

Aluminium – ein Metall

Eigenschaften von Aluminium

- silberglänzender Stoff
- bei Normbedingungen fest (hohe Schmelz- und Siedetemperatur)
- vergleichsweise geringe Dichte (Leichtmetall)
- plastisch verformbar
- elektrisch leitfähig, guter Wärmeleiter

Bau

- Aluminiumatome mit drei Außenelektronen, Außenelektronen leicht verschiebbar
- Kristall aus Aluminiumatomen, Aluminium-Ionen und Elektronengas
- Zusammenhalt im Kristall durch Metallbindung

Der Bau bedingt die Eigenschaften.

Aluminium ist plastisch verformbar, weil sich aus der Verschiebung der Atomschichten keine wesentlichen Änderungen der Kräfte zwischen den Teilchen ergeben.

Aufgaben

1 — a) Metalle sind gut elektrisch leitfähig. Erkläre. 😐 ↗ S. 101

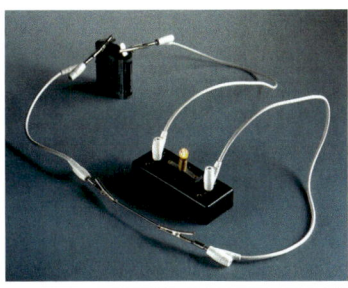

b) Recherchiere die Werte für die elektrische Leitfähigkeit von verschiedenen Metallen. Warum sind Metalle unterschiedlich elektrisch leitfähig? Formuliere eine begründete Vermutung. ➕

2 — Erkläre, warum Legierungen ebenfalls typische metallische Eigenschaften aufweisen. 😐 ↗ S. 101

3 — In der Tasse mit heißem Wasser stehen ein Löffel aus Metall und einer aus Kunststoff. Stelle eine Vermutung über die Temperatur der Löffelstiele auf. Begründe. 😐 ↗ S. 132

Ordnung in der Vielfalt

Stoffe kann man ordnen

Das Periodensystem ist ein wichtiges Hilfsmittel, um Ordnung in die Vielfalt zu bringen. Wiederhole, welche Informationen du ablesen kannst.

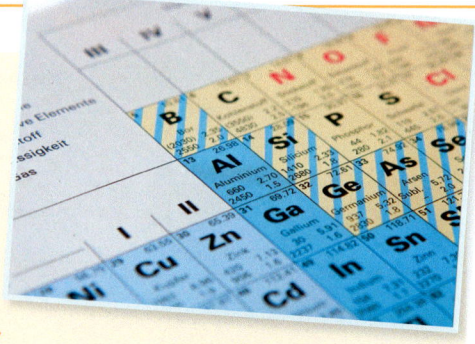

Ein wichtiges Hilfsmittel der Chemiker ist das Periodensystem der Elemente. Dort sind die chemischen Elemente nach steigender Kernladungszahl angeordnet. Da ein Zusammenhang zwischen dem Bau der Atome der Elemente und ihrer Stellung im Periodensystem besteht, kann man auch Eigenschaften der Elementsubstanzen aus dem Periodensystem ablesen. So sind Metalle mit den für sie charakteristischen Eigenschaften in Abhängigkeit von der Anzahl der Außenelektronen links zu finden, Nichtmetalle rechts. Elementsubstanzen (Metalle, Halbmetalle und Nichtmetalle) können miteinander zu Verbindungen reagieren. Diese bestehen jeweils aus Molekülen (Molekülsubstanzen) oder Ionen (Ionensubstanzen).

Es lassen sich aber nicht nur Aussagen über die Elementsubstanzen ableiten, sondern auch über die Verbindungen, die bei der Reaktion von Elementsubstanzen entstehen. Beispielsweise kann man unter Nutzung der Elektronegativitätswerte die Bindungsverhältnisse in den gebildeten Verbindungen abschätzen. Dazu bildet man die Differenz aus den Elektronegativitätswerten. Es gilt:

$\Delta EN < 0,4$ — zunehmend unpolare Atombindung
$\Delta EN = 0,4$–$1,7$ — zunehmend polare Atombindung
$\Delta EN > 1,7$ — Ionenbindung

Elektronegativitätsdifferenz und Bindungsart bei den Chlorverbindungen der Elemente der 3. Periode

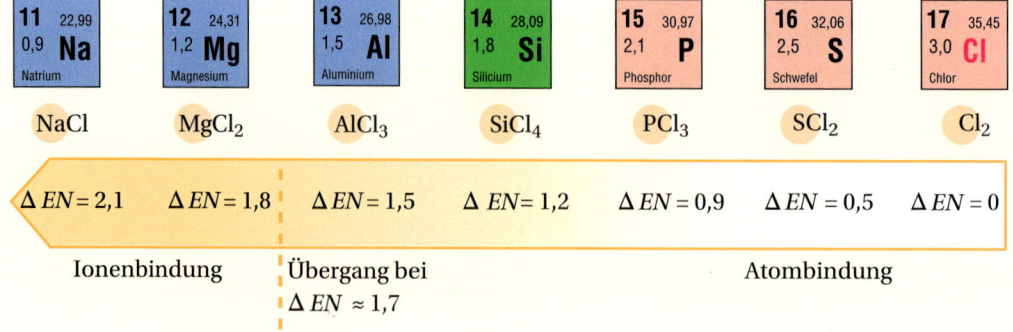

Erläutere an einem Beispiel, wie du die Bindungsverhältnisse abschätzen kannst.

Stoffe

Stoffgemische

Trennung durch Destillieren, Filtrieren, Dekantieren, Extrahieren, Magnetscheiden, Chromatografieren u. a.

Reinstoffe

Gekennzeichnet durch physikalische Eigenschaften, wie Farbe, Geruch, Geschmack, Härte, Aggregatzustand, Schmelz- und Siedetemperatur, Wärmeleitfähigkeit, elektrische Leitfähigkeit, Dichte, Löslichkeit und chemische Eigenschaften (z. B. Brennbarkeit, spezielle chemische Reaktionen)

Elementsubstanzen

nur aus einer Atomart (Atome mit gleicher Kernladungszahl) bestehende Teilchen

Metalle

elektrische Leiter, fest (Ausnahme: Quecksilber), relativ hohe Schmelz- und Siedetemperaturen, plastisch verformbar, unterschiedliche Reaktionsfähigkeit

- unedle Metalle, z. B. Eisen (Fe)
- edle Metalle, z. B. Gold (Au)

Halbmetalle

Elemente im Grenzbereich zwischen Metallen und Nichtmetallen

- z. B. Arsen (As), Germanium (Ge), Selen (Se), Silicium (Si)

Nichtmetalle

schlechte elektrische Leiter (Ausnahme Grafit), Aggregatzustände von gasförmig bis fest, relativ niedrige Schmelz- und Siedetemperaturen (außer Grafit, Diamant), unterschiedliche Reaktionsfähigkeit

- z. B. Sauerstoff (O_2), Schwefel (S), Wasserstoff (H_2), Kohlenstoff (C), Phosphor (P), Helium (He)

Verbindungen

aus mehreren Atomarten (Atome mit verschiedenen Kernladungszahlen) zusammengesetzte Teilchen

Ionensubstanzen

zusammengesetzt aus entgegengesetzt geladenen Ionen

- Metallhydroxide, z. B. Natriumhydroxid (NaOH)
- Salze, z. B. Natriumchlorid (NaCl)
- einige Oxide, z. B. Magnesiumoxid (MgO)

Molekülsubstanzen

Moleküle aus Atomen verschiedener Elemente

- viele Säuren, z. B. Schwefelsäure (H_2SO_4)
- einige Oxide, z. B. Wasser (H_2O)
- viele organische Stoffe, z. B. Ethanol (C_2H_5OH)

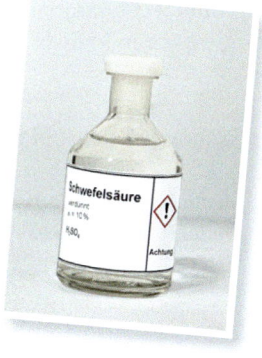

59

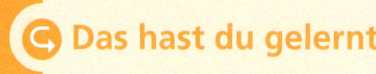

Das hast du gelernt

Ordnung in der Vielfalt

Die typischen Eigenschaften der Stoffe ergeben sich aus der Art ihrer Teilchen und ihrer Anordnung sowie aus Wechselwirkungen innerhalb der Teilchen bzw. zwischen ihnen. Grundlage ist der Bau der Atome der Elemente.

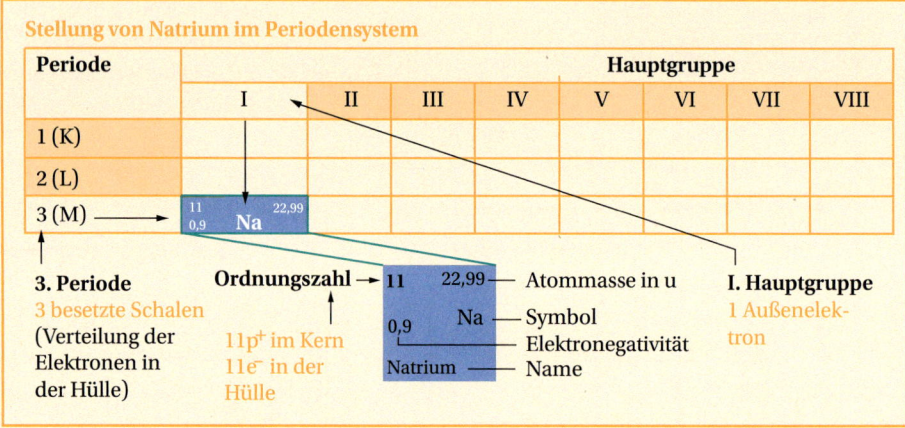

Stellung von Natrium im Periodensystem

Periode		Hauptgruppe							
	I	II	III	IV	V	VI	VII	VIII
1 (K)								
2 (L)								
3 (M) →	11 22,99 0,9 **Na**							

3. Periode
3 besetzte Schalen
(Verteilung der Elektronen in der Hülle)

Ordnungszahl → 11   22,99 — Atommasse in u
0,9   Na — Symbol
— Elektronegativität
Natrium — Name

11p⁺ im Kern
11e⁻ in der Hülle

I. Hauptgruppe
1 Außenelektron

Einzelne Atome kommen nur bei Edelgasen vor. In allen anderen Stoffen gehen Teilchen unterschiedliche Bindungen ein und sind entsprechend im Raum angeordnet.

Art der Teilchen

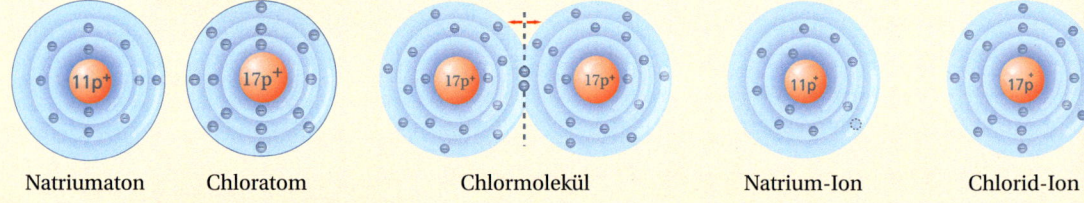

| Natriumatom | Chloratom | Chlormolekül | Natrium-Ion | Chlorid-Ion |

Wichtige Bindungsarten

Atombindung (Elektronenpaarbindung): beruht auf der Anziehung von gemeinsamen Elektronenpaaren (negativ geladen) und Atomkernen der Bindungspartner (positiv geladen).

Ionenbindung: beruht auf der Anziehung von entgegengesetzt geladenen Ionen.

Metallbindung: beruht auf der Anziehung von Metall-Ionen (positiv geladen) und frei beweglichen Elektronen (negativ geladen).

Löse mit Köpfchen

1. Metall und Nichtmetall

Prüfe Eigenschaften von Metallen (Beispiel Kupfer) und Nichtmetallen (Beispiel Schwefel). Teste die elektrische Leitfähigkeit, die Härte, magnetische Eigenschaften, die Dichte und das Verhalten beim Erhitzen.

a) Stelle einen Arbeitsplan auf und lass ihn bestätigen. Fordere Geräte und Chemikalien an. Führe die Experimente durch und notiere deine Beobachtungen. **S**

b) Begründe, warum Metalle und Nichtmetalle so unterschiedliche Eigenschaften aufweisen. ⊜ ↗ S. 132

2. Außergewöhnlich?

a) Teste die elektrische Leitfähigkeit von Grafit. (*Hinweis:* Du kannst dazu eine Bleistiftmine verwenden.) Notiere deine Beobachtung. **S**

b) Beschreibe, wie Grafitkristalle aufgebaut sind.

c) Erkläre deine Beobachtung. Stelle den Zusammenhang zwischen Eigenschaft und Struktur des Stoffs dar. ⊜ ↗ S. 101

3. Leicht flüchtig

Beobachte das Verhalten von Iod beim Erhitzen und Abkühlen. Führe zu diesem Experiment Protokoll. **L**

Iod ist leicht flüchtig. Wie lässt sich diese Eigenschaft erklären? Stelle einen Zusammenhang zum Bau von Iodkristallen her. ⊕

4. Alltägliche Kristalle

Überprüfe die elektrische Leitfähigkeit von trockenen Natriumchloridkristallen und einer Natriumchloridlösung. Überlege, wie du vorgehen kannst. Notiere nötige Geräte und Chemikalien und fordere sie an. **S**

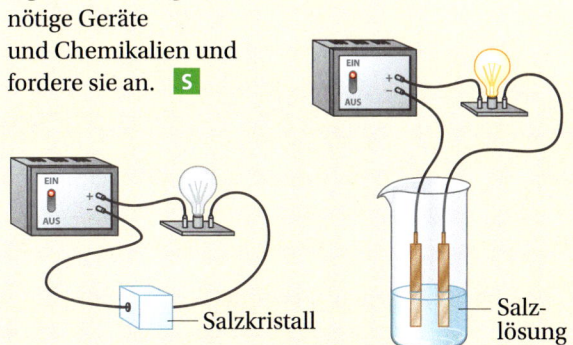
Salzkristall — Salzlösung

Stelle den Zusammenhang zwischen dem Bau des Stoffs und den beobachteten Eigenschaften dar.

5. Eine Frage der Bindung

Vergleiche die elektrische Leitfähigkeit einer verdünnten Natriumhydroxidlösung ⬦ und einer Ethanollösung ⬧ gleicher Konzentration. ⊜ ↗ S. 133 Führe dazu das entsprechende Experiment durch und fertige ein Protokoll an. Löse im Auswertungsteil folgende Aufgaben: **S**

a) Beschreibe den Bau von Natriumhydroxid und Ethanol.

b) Erläutere, was passiert, wenn Natriumhydroxid bzw. Ethanol in Wasser gegeben werden. Nutze auch die chemische Zeichensprache.

c) Notiere Bedingungen, die vorhanden sein müssen, damit bei angelegter Spannung ein elektrischer Strom fließen kann.

d) Erkläre die Beobachtungen aus dem Experiment.

61

✚ Teste dich selbst

Bei manchen Wahlaufgaben gibt es mehrere richtige Antworten.

Wähle aus.

1 Aus der Ordnungszahl der Elemente im Periodensystem kann man
   A die Anzahl der Elektronen des Atoms des jeweiligen Elements ablesen.
   B die Anzahl der Protonen des Atoms des jeweiligen Elements ablesen.
   C die Anzahl der Außenelektronen des Atoms des jeweiligen Elements ablesen.

2 Der Bau der Schwefelatome kann wie folgt beschrieben werden:
   A 18 Protonen; 18 Elektronen, verteilt in drei Elektronenschalen, davon 6 in der äußeren Schale.
   B 16 Protonen; 16 Elektronen, verteilt in zwei Elektronenschalen, davon 6 in der äußeren Schale.
   C 16 Protonen; 16 Elektronen, verteilt in drei Elektronenschalen, davon 6 in der äußeren Schale.

3 Edelgase sind reaktionsträge Elementsubstanzen, die kaum Verbindungen mit anderen Elementen bilden. Die Ursache liegt darin, dass
   A Edelgasatome sehr groß sind und deshalb nicht zu anderen Atomen passen.
   B Edelgasatome sehr klein sind und deshalb nicht zu anderen Atomen passen.
   C Edelgasatome über eine voll besetzte äußere Elektronenschale verfügen und deshalb energetisch sehr stabil sind.
   D Edelgasverbindungen sofort wieder zerfallen.

4 Wasser weist eine Dichteanomalie auf.

Die Dichte von Eis ist geringer als die von flüssigem Wasser, weil
   A Wassermoleküle besonders klein sind und eine gewinkelte Form aufweisen.
   B Wassermoleküle besonders groß sind und zwischen ihnen starke anziehende Kräfte ausgebildet werden.
   C Wassermoleküle eine gewinkelte Form haben und zwischen ihnen starke anziehende Kräfte ausgebildet werden.

5 Die folgenden Stoffe lassen sich durch ihren Bau alle derselben Stoffgruppe zuordnen.
   A Methan, Wasserstoff, Helium
   B Wasserstoff, Sauerstoff, Methan
   C Sauerstoff, Chlor, Natriumchlorid
   D Natriumchlorid, Natriumhydroxid, Essigsäure

6 Innerhalb der Chlorwasserstoffteilchen erfolgt der Zusammenhalt
   A über polare Atombindung
   B über unpolare Atombindung
   C durch Ionenbindung

Beantworte ausführlich.

1   a) Gib an, aus welchen Teilchen der Stoff Stickstoff besteht. Erläutere die Bindungsverhältnisse, die innerhalb der Teilchen wirken.
    b) Gib an, aus welchen Teilchen der Stoff Chlorwasserstoff besteht. Erläutere die Bindungsverhältnisse, die innerhalb der Teilchen wirken.
    c) Gib an, aus welchen Teilchen der Stoff Calciumchlorid besteht. Erläutere die Bindungsverhältnisse, die den Zusammenhalt bewirken.
    d) Gib an, aus welchen Teilchen der Stoff Gold besteht. Erläutere die Bindungsverhältnisse, die den Zusammenhalt bewirken.
    e) Finde zu den Teilaufgaben a bis d jeweils zwei weitere Beispiele.

2   Iod, Natriumchlorid und Bismut sind jeweils kristalline Substanzen.

    a) Vergleiche die Kristalle miteinander.
    b) Trage in einer Tabelle Eigenschaften der drei Stoffe zusammen.
    c) Erläutere an diesen drei Beispielen den Zusammenhang zwischen Eigenschaften und Bau der Stoffe.

3   Vergleiche folgende chemische Bindungen miteinander: polare und unpolare Atombindung, Ionenbindung, Metallbindung. Berücksichtige jeweils die Art der Teilchen und erläutere die Kräfte, die den Zusammenhalt bewirken.

4   Wähle jeweils ein Metall und ein Nichtmetall aus und zeichne ein Modell ihrer Atome.
    Vergleiche den Bau der Atome des Metalls und des Nichtmetalls.
    Stelle einen Zusammenhang zu den Eigenschaften der Elementsubstanzen her.

5   Übertrage den Überblick über Stoffe von S. 59 in deinen Hefter und ordne folgende Stoffe zu: Kaliumchlorid, Kupfer(II)-sulfat, Kohlenstoff (Diamant), Blei, Luft, Argon, Salpetersäure, Ozon, Natrium, Kaliumhydroxid, Bariumhydroxid, Natriumoxid, Schwefeldioxid, Iod, Platin, Antimon, Calciumcarbonat, Citronensäure, Methan.
    Begründe deine Zuordnung.

6   Nenne einen gesättigten und einen ungesättigten Kohlenwasserstoff.
    a) Gib an, aus welchen Teilchen die Stoffe jeweils bestehen.
        Erläutere jeweils die Bindungsverhältnisse, die den Zusammenhalt bewirken.
    b) Sind diese Stoffe elektrisch leitfähig? Begründe deine Meinung.
    c) In welchem Lösungsmittel (Wasser, Waschbenzin, Heptan) sind diese Stoffe vermutlich gut löslich? Begründe deine Vermutung.

63

Schüler als Forscher

Stoffen auf der Spur
Seifenlösungen werden im Alltag oft als „Lauge" bezeichnet.
Ihr könnt überprüfen, ob diese Bezeichnung gerechtfertigt ist.
Beschreibt den Nachweis und führt ihn durch. Stellt weitere Nachweise zusammen.

Experimente als Fragen an die Natur
Fällt dir manchmal in deinem Alltag etwas auf, das du gerne näher untersuchen möchtest? Formuliere doch einmal eine eigene Fragestellung. Das richtige Experiment kann dir oft eine Antwort geben.

Welche Nährstoffe sind in einem Lebensmittel enthalten?

Ist ein zu sauer geratenes Dressing noch zu retten?

Ist Citronensäure eine „richtige Säure", obwohl es sich um einen organischen Stoff handelt?

Nachweis ausgewählter Ionen

Einige Ionen bilden mit einem Nachweismittel einen charakteristischen Niederschlag. Metall-Ionen können durch die charakteristische Flammenfärbung nachgewiesen werden.

Ion	Nachweis-mittel	Ergebnis	
Chlorid-Ionen Cl^-	Silbernitrat-lösung	weißer Niederschlag (löst sich in verdünnter Ammoniaklösung)	
Bromid-Ionen Br^-	Silbernitrat-lösung	hellgelber Niederschlag (löst sich in konzentrierter Ammoniaklösung)	
Iodid-Ionen I^-	Silbernitrat-lösung	gelber Niederschlag (löst sich nicht in Ammo-niaklösung)	
Sulfat-Ionen SO_4^{2-}	Bariumchlorid-lösung	weißer Niederschlag (löst sich nicht bei Zugabe von Salzsäure)	
Carbonat-Ionen CO_3^{2-}	Calcium-hydroxidlösung (Kalkwasser)	weißer Niederschlag (löst sich bei Zugabe von Salzsäure auf)	
H^+/OH^-	Indikator	charakteristische Färbung	

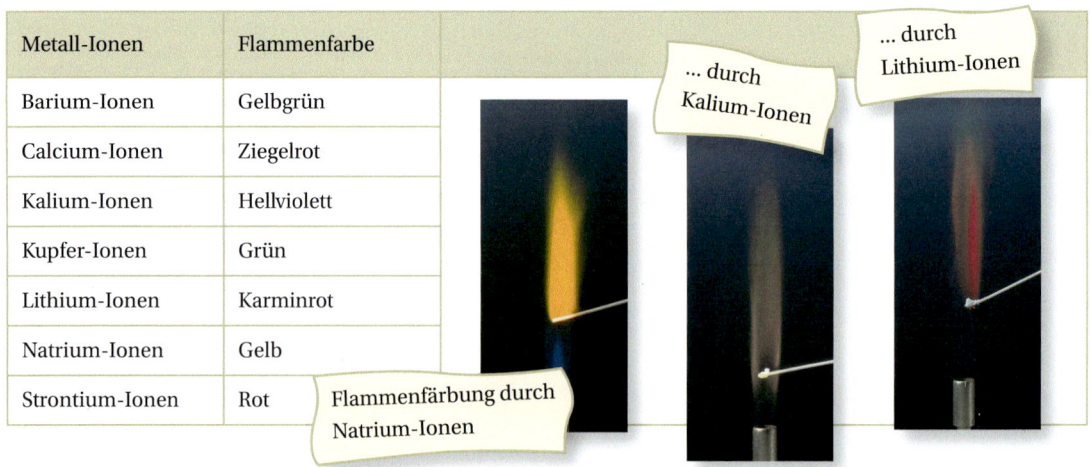

Metall-Ionen	Flammenfarbe	
Barium-Ionen	Gelbgrün	
Calcium-Ionen	Ziegelrot	
Kalium-Ionen	Hellviolett	
Kupfer-Ionen	Grün	
Lithium-Ionen	Karminrot	
Natrium-Ionen	Gelb	
Strontium-Ionen	Rot	

... durch Kalium-Ionen

... durch Lithium-Ionen

Flammenfärbung durch Natrium-Ionen

Nachweis ausgewählter organischer Stoffe

Stoff bzw. strukturelles Merkmal	Nachweis	Beobachtung
Fett	Probe auf Filterpapier quetschen, Blindprobe mit Wasser	nach Trocknung Fettfleck
Glucose	mit fehlingscher Lösung erhitzen (Der Nachweis ist nicht eindeutig und gilt ebenfalls als Hinweis auf das Vorhandensein von Fructose.)	roter Niederschlag aus Kupfer(I)-oxid
Stärke	Iod-Kaliumiodidlösung	blauschwarze Färbung
Eiweiße (Xanthoprotein-reaktion)	konzentrierte Salpetersäure (gegebenenfalls erwärmen)	Gelbfärbung
Mehrfachbindung (z. B. ungesättigte Fettsäuren)	Baeyer-Reagenz	Entfärbung der Nachweislösung

⚠ Erforsche es

S Säuren und Basen im Visier

Du erhältst vier Reagenzgläser mit farblosen Lösungen. In einem Reagenzglas befindet sich verdünnte Salzsäure, in einem Natriumhydroxidlösung, in einem Natriumchloridlösung und in einem Reagenzglas destilliertes Wasser.

Aufgabe:
Ermittle, in welchem Reagenzglas sich welche Lösung befindet.
Entwickle einen Plan.

Vorbereitung und Durchführung:
Notiere Geräte und Chemikalien und fordere sie an. Informiere dich über die Sicherheitshinweise, die zu beachten sind. Führe das Experiment nach deinem Plan durch.

Beobachtung und Auswertung:
Notiere deine Beobachtungen und leite daraus ab, in welchem Reagenzglas welche Lösung enthalten war.

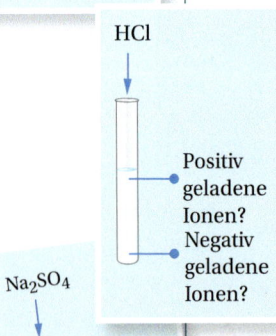

H_2SO_4
Positiv geladene Ionen?
Negativ geladene Ionen?

$NaCl$
Positiv geladene Ionen?
Negativ geladene Ionen?

HCl
Positiv geladene Ionen?
Negativ geladene Ionen?

Na_2SO_4
positiv geladene Ionen?
negativ geladene Ionen?

S Säuren und Salze im Visier

Die Salze der Salzsäure bezeichnet man als Chloride. Sie enthalten immer Chlorid-Ionen. Sulfate sind Salze der Schwefelsäure. Sie enthalten Sulfat-Ionen.

Aufgabe:
Du erhältst von der Lehrkraft vier Reagenzgläser mit farblosen Flüssigkeiten, die mit den Buchstaben A bis D beschriftet sind. Bei den Flüssigkeiten handelt es sich um verdünnte Schwefelsäure, verdünnte Salzsäure, Natriumchloridlösung und Natriumsulfatlösung. Ermittle experimentell, in welchem Reagenzglas sich welche Lösung befindet.

Vorbereitung:
Überlege dir, welche Ionen sich in welcher Lösung befinden. Nutze die Abbildungen in der Randspalte.

Notiere, wie sich die jeweiligen Ionen nachweisen lassen.
Formuliere entsprechende Aussagen: Wenn die Lösung Chlorid-Ionen enthält, entsteht bei Zugabe von … ein … Fordere dann benötigte Geräte und Chemikalien an.

Durchführung:
Arbeite nie mit den gesamten Testlösungen, die du von der Lehrkraft erhalten hast, sondern fülle jeweils eine neue Serie ab und beschrifte sie. Führe erst dann die notwendigen Nachweise durch.

Beobachtung und Auswertung:
Erfasse deine Beobachtungen in einer Tabelle.
Werte die Beobachtungen entsprechend der Aufgabe aus.
Stelle für die Nachweise die Ionengleichung auf.

S | Lebensmittel im Test

Lebensmittel enthalten Naturstoffe wie Fette, Kohlenhydrate und Eiweiße in unterschiedlichen Mengen.

Aufgabe:

Testet Fleischwurst, Salat und eine Avocado auf Glucose, Stärke, Eiweiße und Fette.

Vorbereitung:

Notiert *Geräte* und *Chemikalien* und fordert sie bei der Lehrkraft an.

Durchführung:

Bereitet die Lebensmittelproben vor, indem ihr die Lebensmittel getrennt voneinander in einem Mörser mit Seesand zerreibt.

a) Testet auf Glucose.

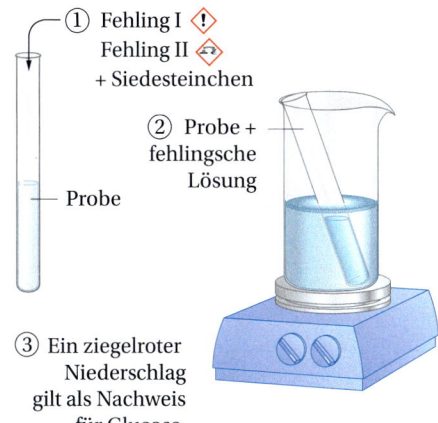

① Fehling I ◇
Fehling II ◇
+ Siedesteinchen

② Probe + fehlingsche Lösung

Probe

③ Ein ziegelroter Niederschlag gilt als Nachweis für Glucose.

b) Testet auf Stärke. Tropft dazu Iod-Kaliumiodidlösung ◇ E1 auf die Proben.

c) Testet auf Eiweiß.

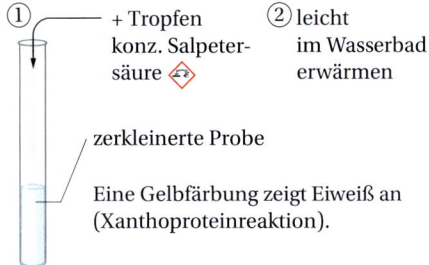

① + Tropfen konz. Salpeter-säure ◇   ② leicht im Wasserbad erwärmen

zerkleinerte Probe

Eine Gelbfärbung zeigt Eiweiß an (Xanthoproteinreaktion).

d) Testet auf Fett. Drückt die Proben auf ein Filterpapier (Fettfleckprobe).

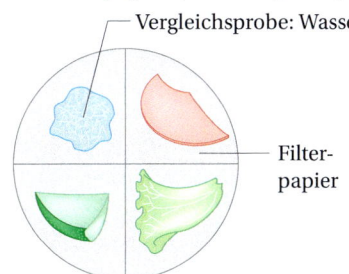

Vergleichsprobe: Wasser

Filter-papier

Beobachtung:

Notiert eure Beobachtung in einer Tabelle.

Auswertung:

Leitet aus euren Beobachtungen für jedes Lebensmittel Schlussfolgerungen hinsichtlich der nachgewiesenen Inhaltsstoffe ab.

Probe	Fehlingsche Lösung	Iod-Kalium-iodidlösung	Konzentrierte Salpetersäure	Fettfleckprobe
Fleischwurst				
Salat				
Avocado				

! Erforsche es

S | Saure Lösungen im Test

Experiment 1

Aufgabe:
Versetze verschiedene Metallproben mit sauren Lösungen.

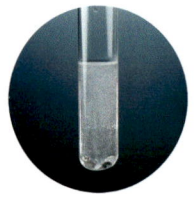 

Vorbereitung:
Fordere Geräte und Chemikalien bei der Lehrkraft an.

Durchführung:
Versetze jeweils einen Magnesium-span (GHS02, E3), ein Zinkstückchen, einen Kupferspan mit verdünnter Salzsäure (GHS07, E2). Wenn sich ein Gas (GHS02, E7) bildet, fange es auf und führe die Knallgasprobe durch.

Beobachtung und Auswertung:
Stelle die Beobachtungen in einer Tabelle dar und werte aus.

Experiment 2

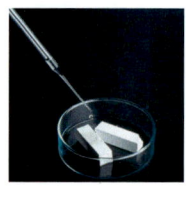 

Aufgabe:
Teste eure Tafelkreide mit saurer Lösung.

Vorbereitung:
Fordere Geräte und Chemikalien bei der Lehrkraft an.

Durchführung:
Tropfe verdünnte Säurelösung (GHS07, E2) auf die Probe.

Beobachtung und Auswertung:
Notiere deine Beobachtung.
Leite aus der Beobachtung eine Schlussfolgerung über die Zusammensetzung eurer Kreide ab.

Experiment 3

Aufgabe:
Stelle eine neutrale Lösung her.
Versetzte dazu 5 ml 10%ige Salzsäure (GHS07, E2) mit drei Tropfen Universalindikator.
Gib dann tropfenweise 10%ige Natriumhydroxidlösung (GHS05, E2) hinzu. Schätze die Menge an alkalischer Lösung ab, die du zur Neutralisation der 5 ml Salzsäure benötigst.

Führe Protokoll.

Wird der Indikator blau, tropfe wieder Salzsäure hinzu.

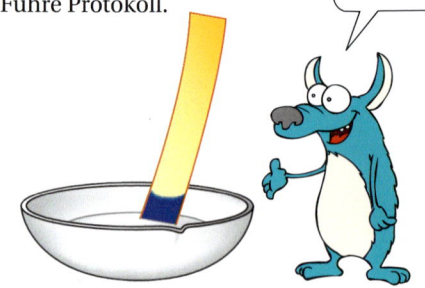

S Citronensäure – eine Säure des Alltags

Citronensäure ist kein Vitamin C. Bei Vitamin C handelt es sich um Ascorbinsäure.

Experiment 1

Citronensäure kommt zu etwa 5 bis 7 % in Zitronensaft vor.

Aufgabe:

Untersucht, ob Citronensäure wie eine Säure reagiert.

Vorbereitung:

Geräte und Materialien: Zitronensaft, Reagenzgläser, Reagenzglasständer, Bechergläser, pH-Papier, Marmorstückchen, Magnesium, Magnesiumoxid, verdünnte Natronlauge ⬦ E2

Durchführung:

a) Verteilt den Saft auf vier Reagenzgläser und ein Becherglas.
b) Belegt durch fünf Experimente, dass Citronensäure wie eine typische Säure reagiert.

Beobachtung:

Erfasst eure Beobachtungen in einer Tabelle.

Auswertung:

1. Beantwortet die Ausgangsfrage.
2. Gebt die Ursache für die sauren Eigenschaften von Citronensäurelösungen an.
3. Kennzeichnet diese Säure als organischen Stoff.

Vereinfachte Strukturformel von Citronensäure:
$HOOC-CH_2-C(OH)(COOH)-CH_2-COOH$

Experiment 2

Aufgabe:

Überprüft die elektrische Leitfähigkeit von Citronensäure und einer Lösung dieser Säure. Überlegt, wie ihr vorgehen könnt. Notiert nötige *Geräte* und *Chemikalien* und fordert sie an. Führt Protokoll.

Experiment 3

Aufgabe:

Untersucht die Wirkung von Citronensäure im Alltag.

Vorbereitung:

Geräte und Materialien: Zitronensaft, Wasser, Apfel, Teebeutel, Teeglas, Messer, Petrischale, Wasserkocher, verkalkter Gegenstand (z. B. Heizspindel des Wasserkochers)

Durchführung:

a) Kratzt etwas Kalk ab. Versetzt ihn mit ein paar Tropfen Zitronensaft.
b) Schneidet einen Apfel auf und beträufelt die eine Hälfte mit Zitronensaft, die andere nicht.
Lasst beide Hälften etwa 20 Minuten an der Luft stehen und betrachtet sie danach.
c) Brüht schwarzen Tee auf. Tropft etwas Zitronensaft dazu. Beobachtet die Färbung des Tees.

Beobachtung und Auswertung:

Notiert jeweils die Beobachtungen. Beschreibt die Wirkung der Citronensäure. Stellt Verwendungsmöglichkeiten der Citronensäure zusammen.

Erforsche es

Achtung: Abzug!

L Kann denn Regen sauer sein?

Experiment 1
Aufgabe:
Führe bei dem folgenden Lehrerexperiment Protokoll. Erkläre die Beobachtungen mithilfe von Reaktionsgleichungen.
Erläutere, wie durch Luftverschmutzungen der saure Regen verstärkt werden kann.

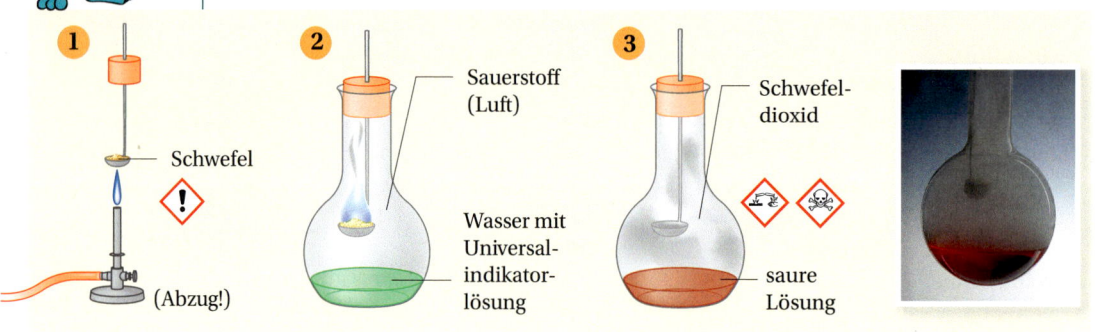

1 Schwefel (Abzug!)

2 Sauerstoff (Luft) / Wasser mit Universalindikatorlösung

3 Schwefeldioxid / saure Lösung

Ein Protokoll umfasst die Aufgabe, Geräte und Chemikalien, eine Beschreibung der Durchführung, alle Beobachtungen und eine aufgabenbezogene Auswertung.

Experiment 2
Aufgaben:
1. Führe das Experiment zum Zerfall und zur Bildung von Kohlensäure durch. Protokolliere den Versuch.

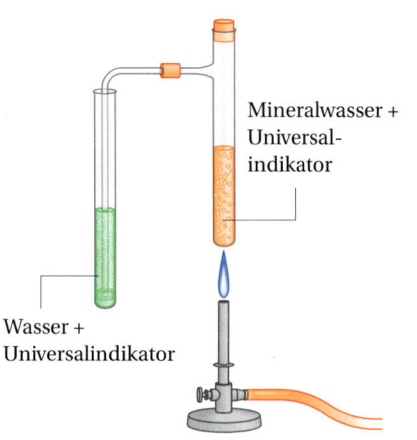

Mineralwasser + Universalindikator

Wasser + Universalindikator

2. Übertrage deine Ergebnisse auf Prozesse in der Natur. Erkläre, warum der Regen auch ohne Luftverschmutzungen einen pH-Wert im leicht sauren Bereich aufweist.

3. Nenne und erkläre die Folgen von saurem Regen. Gehe dabei besonders auf die Zerstörung von Bauwerken ein.

72

S | Rohrreiniger im Test

Aufgabe:

Untersuche einen basisch reagie-
renden festen Rohrreiniger. Teste,
welcher Bestandteil für die basische
Reaktion verantwortlich ist.
Tipp: Lies das Etikett genau. Du erhältst wichtige Informationen.

Vorbereitung:

Geräte: Schutzbrille, Lupe, Spatel,
Pinzette, Petrischale, Bechergläser

Chemikalien: Universalindikatorlösung, destilliertes Wasser, handels-
üblicher Rohrreiniger

Durchführung:

Betrachte die Stoffprobe mit einer
Lupe. Entnimm vorsichtig einzelne
Bestandteile und gib sie jeweils in ein
extra Gefäß.
Löse sie in etwas Wasser und tropfe
Universalindikatorlösung hinzu.

Beobachtung und Auswertung:

Notiere deine Beobachtungen.
Beschreibe die Bestandteile und
notiere, ob sie alkalisch reagieren.
Vermute, welcher Inhaltsstoff für die
Reaktion des Rohrreinigers verant-
wortlich ist.

L | Vom Metall zum Hydroxid

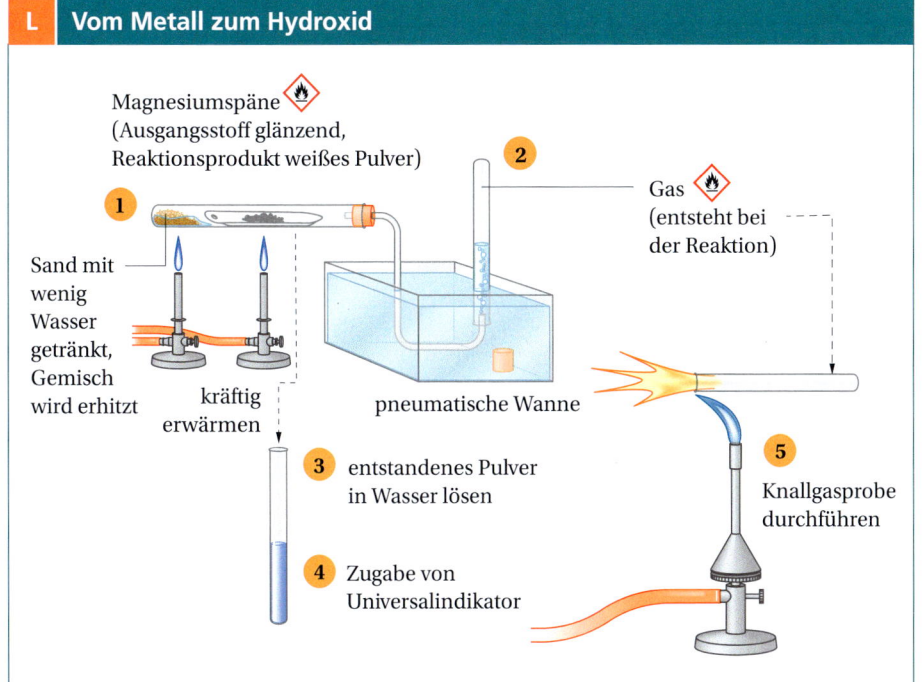

Magnesiumspäne
(Ausgangsstoff glänzend,
Reaktionsprodukt weißes Pulver)

1

Sand mit
wenig
Wasser
getränkt,
Gemisch
wird erhitzt

kräftig
erwärmen

pneumatische Wanne

2

Gas
(entsteht bei
der Reaktion)

3 entstandenes Pulver
in Wasser lösen

4 Zugabe von
Universalindikator

5

Knallgasprobe
durchführen

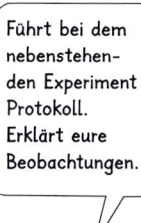

Führt bei dem
nebenstehen-
den Experiment
Protokoll.
Erklärt eure
Beobachtungen.

Die Zelle als „Chemiefabrik"

Ist der Vergleich gerechtfertigt? Laufen in der Zelle wirklich chemische Reaktionen ab?

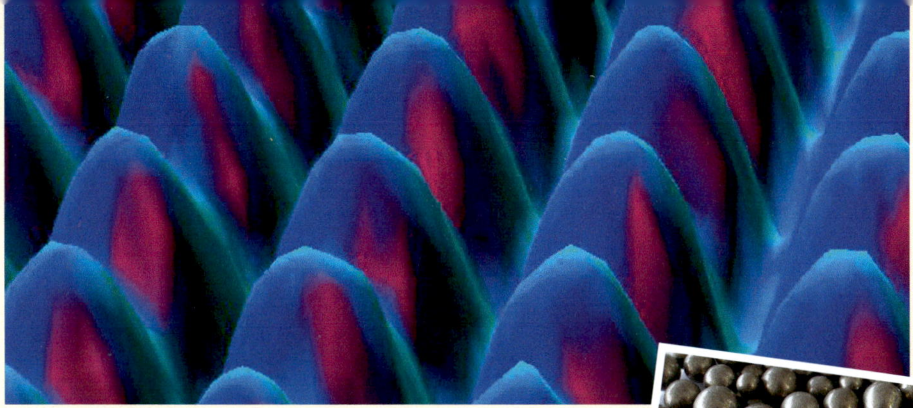

Der Blick in die Welt der Winzlinge

Die Nickeloberfläche kann mit dem Rastertunnelmikroskop unvorstellbar vergrößert werden (oben). Welcher Zusammenhang besteht zwischen der atomaren Ebene und einer Stoffportion? Versuche, diesen Zusammenhang mit eigenen Worten zu beschreiben.

Ultraschnell bis megalangsam

Chemische Reaktionen verlaufen unterschiedlich schnell. Notiere Reaktionen, die sehr langsam verlaufen, und solche, die sehr schnell verlaufen.

Bitte nicht zu viel!

Diskutiert, was die Ursache sein könnte.

Vielfalt chemischer Reaktionen

Chemische Reaktionen in Natur und Technik

Die Welt besteht aus Stoffen. Nenne Stoffe, aus denen die Objekte auf dem Foto bestehen.

Jeder Gegenstand in unserer Wohnung, jeder Körper in der Natur besteht aus verschiedenen Stoffen.

Einige Stoffe sind als Elementsubstanzen in der Natur zu finden. Der größte Teil der Stoffe gehört jedoch zu den Verbindungen. Sie werden bei den unterschiedlichsten chemischen Reaktionen gebildet.

Lebewesen können ohne die biochemischen Reaktionen in ihren Körpern nicht existieren.

Auch in der unbelebten Natur vollzogen und vollziehen sich chemische Reaktionen. Die Mineralien wurden u. a. durch Salzbildung und Oxidationen gebildet. Bei der Verwitterung von Gestein laufen nicht nur physikalische, sondern auch chemische Prozesse ab.

Menschen nutzen chemische Reaktionen, seit sie das Feuer beherrschen. Damals wie heute diente die Verbrennung von Stoffen zur Energiefreisetzung in Form von Wärme. Natürlich wissen wir heute bedeutend besser, welche Prozesse ablaufen, und können die Stoff- und Energieumwandlungen steuern.

In der Technik und in der chemischen Industrie werden chemische Reaktionen gezielt zur Herstellung einer Vielzahl von Stoffen eingesetzt, die aus unserem Alltag nicht mehr wegzudenken sind.

Leider entstehen bei einigen chemischen Reaktionen unerwünschte Nebenprodukte. Nicht zuletzt werden daher Verfahren entwickelt, mit denen gebildete Schadstoffe beseitigt werden.

Bei der Verwitterung von Gestein spielen chemische und physikalische Prozesse eine Rolle.

Aufgaben

1 __ Nenne Stoffe, die im Alltag eine Rolle spielen.

2 __ Gib chemische Reaktionen an, die in deiner Umgebung ablaufen.

3 __ Gestalte eine Übersicht zur Bedeutung chemischer Reaktionen.
Tipp: Du kannst die Abbildung auf der Seite 77 als Grundlage nutzen.

So kannst du vorgehen

Anfertigen einer Mindmap

Mindmaps sind Gedächtniskarten, in denen du Zusammenhänge zwischen Fakten darstellst. Die Sammlung von Daten und Fakten sollte dir einen guten Überblick über das Thema verschaffen, muss aber nicht unbedingt vollständig sein.

Fertige eine Mindmap zum Thema „Bedeutung chemischer Reaktionen" an.

▶ Schritt 1

Wähle das Thema.
Schreibe einen zentralen Begriff in die Mitte eines unlinierten Blatts.

Orientierung in der Umwelt

▶ Schritt 2

Wähle die Schwerpunkte.
Denke über Schwerpunkte nach und schreibe diese auf je einen Hauptast. Hauptäste sind mit dem Mittelpunkt verbunden und werden in Großbuchstaben beschriftet.

▶ Schritt 3

Erweitere die Gedankenebenen.
Füge eine weitere Gedankenebene als Verzweigung eines Hauptasts hinzu. Diese ist mit dem Hauptast verbunden, wird aber dünner dargestellt. Die Verzweigungen werden mit Schreibschrift gekennzeichnet. Je nachdem, wie sich die Ideen entwickeln, können weitere Gedankenebenen ergänzt werden.

▶ Schritt 4

Gestalte deine Mindmap.
Bei der Gestaltung der Mindmap können einzelne Schlüsselwörter und Hauptäste bzw. ihre Verzweigungen durch farbliche Gestaltung hervorgehoben werden.
Eine Möglichkeit zeigt die Abbildung.

> Fertigt in der Gruppe eine Mindmap zum Thema an. Ihr habt bestimmt eine Menge eigener Ideen.

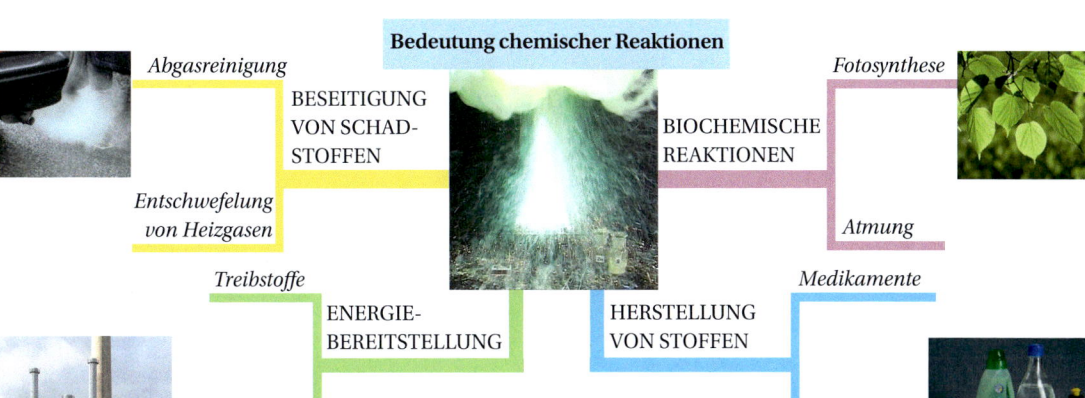

Vielfalt chemischer Reaktionen

Merkmale chemischer Reaktionen

Entscheide, ob es sich bei den gezeigten Prozessen um chemische Reaktionen handelt. Begründe jeweils.

> Der makroskopische Bereich ist der sichtbare Bereich. Änderungen im submikroskopischen Bereich – im Teilchenbereich – kann man nicht sehen.

Chemische Reaktionen zeichnen sich durch gemeinsame Merkmale aus. So kann man immer bleibende Veränderungen im makroskopischen Bereich beobachten: Es entstehen neue Stoffe, die man an ihren charakteristischen Eigenschaften erkennt. Es erfolgt eine **Stoffumwandlung.** Verbunden damit sind **Energieumwandlungen.**

Damit die Stoffe überhaupt miteinander reagieren, müssen sie durch Aufnahme von Energie in den aktivierten Zustand versetzt werden. In einigen Fällen reicht die Energie der Umgebung aus, beispielsweise beim Rosten. Das ist jedoch nicht

immer der Fall. So muss der Magnesiumspan erst in die Flamme gehalten werden, damit eine Reaktion erfolgt.

Bei einigen Reaktionen wird bei der chemischen Reaktion Energie abgegeben, beispielsweise sind bei der Verbrennung von Magnesium eine grelle Lichterscheinung und starke Hitzeentwicklung zu beobachten. Solche Reaktionen sind **exotherm.**

Andere Reaktionen laufen nur ab, wenn ständig Energie von außen zugeführt wird. Ein Beispiel für solche endothermen Reaktionen ist die Zerlegung von Wasser durch Zufuhr von elektrischer Energie.

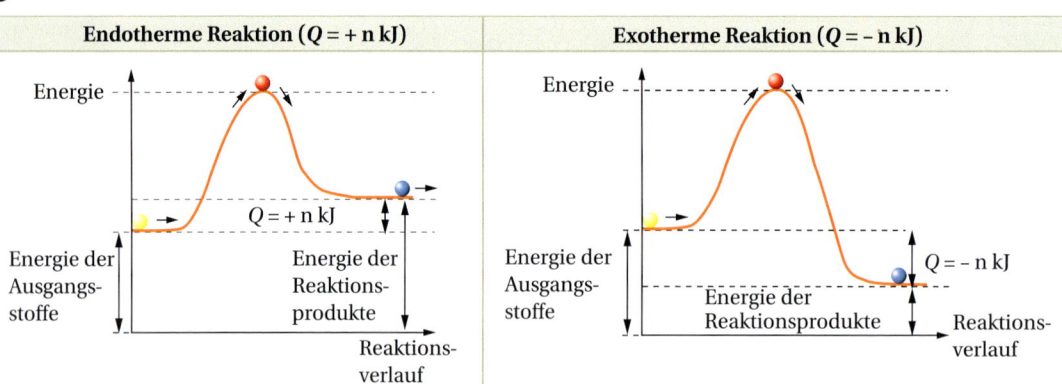

Vergleiche jeweils die Energie der Ausgangsstoffe mit der Energie der Reaktionsprodukte.

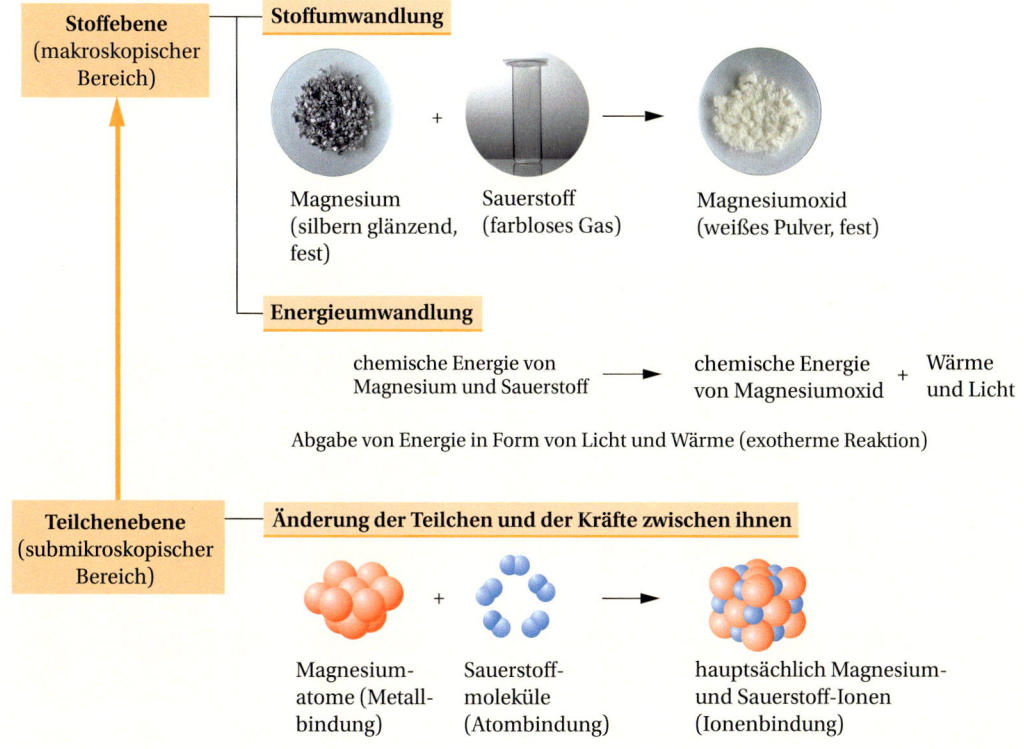

Die Ursache für die Stoff- und Energieumwandlung liegt im Teilchenbereich. Aus den Teilchen der Ausgangsstoffe bilden sich Teilchen der Reaktionsprodukte. Es entstehen **neue Teilchen.** Dazu werden vorhandene chemische Bindungen gelöst und neue Bindungen geknüpft – es erfolgt ein **Umbau der Bindungen.**

Beim Verbrennen von Magnesium lassen sich diese vier Merkmale der chemischen Reaktion nachweisen.
Beim Verdampfen von Wasser bildet sich jedoch trotz Energiezufuhr kein neuer Stoff. Nach dem Abkühlen lassen sich dieselben charakteristischen Eigenschaften beobachten wie vor dem Erhitzen. Es handelt sich um einen physikalischen Vorgang und nicht um eine chemische Reaktion.

Aufgaben

1 — Formuliere unter Nutzung des Textes auf den Seiten 78 und 79 einen Merksatz zu den Merkmalen der chemischen Reaktion.
2 — Erläutere, warum es sich bei der Bildung von Wasser aus den Elementsubstanzen um eine chemische Reaktion handelt, beim Verdampfen von Wasser jedoch nicht. ⊜ ↗ S. 133
3 — Magnesium muss kurz erhitzt werden, damit das Metall mit dem Sauerstoff der Luft reagiert, obwohl es sich doch um eine exotherme chemische Reaktion handelt. Kläre den scheinbaren Widerspruch.

Stoffumsatz bei chemischen Reaktionen

Während einer chemischen Reaktion gehen keine Atome bzw. Ionen verloren, sie werden nur ineinander der umgewandelt und verbinden sich zu neuen Teilchen. Da jedes Atom und jedes Ion eine Masse besitzt, spielen bei chemischen Reaktionen Massenverhältnisse eine wichtige Rolle. Aus experimentellen Untersuchungen wurde folgendes Gesetz abgeleitet:

Gesetz von der Erhaltung der Masse

(ANTOINE LAURENT DE LAVOISIER, 1785): Bei allen chemischen Vorgängen bleibt die Gesamtmasse der an der Reaktion beteiligten Stoffe konstant.

Zur Bestimmung des Stoffumsatzes bei chemischen Reaktionen betrachtet man im Allgemeinen nicht die Teilchen, sondern Stoffportionen. Ihre Größe lässt sich quantitativ angeben durch:
- die Masse m
- das Volumen V (besonders bei Gasen und Flüssigkeiten)
- die Stoffmenge n

Die Stoffportionen reagieren bei chemischen Reaktionen in konstanten Massen- und Volumenverhältnissen miteinander.

Die entsprechenden stöchiometrischen Verhältnisse werden durch die jeweilige Reaktionsgleichung beschrieben.
Werden diese stöchiometrischen Verhältnisse beim Experimentieren oder bei der Produktion in Chemiebetrieben nicht eingehalten, ist der Stoffumsatz nicht vollständig. Von einem der Ausgangsstoffe verbleibt ein Rest. Die optimale Größe der Stoffportionen kann man berechnen. Solche quantitativen Berechnungen helfen, Rohstoffe zu sparen und chemisch-technische Verfahren ökonomischer zu gestalten.

Stöchiometrische Verhältnisse bei chemischen Reaktionen: korrekte Massen- und Volumenverhältnisse der Reaktionspartner

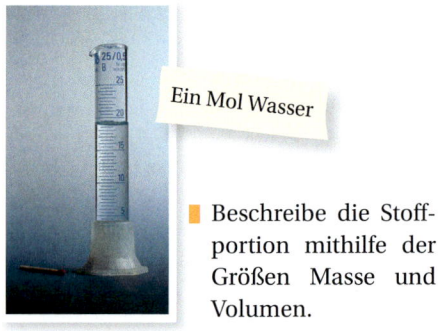

Ein Mol Wasser

■ Beschreibe die Stoffportion mithilfe der Größen Masse und Volumen.

Ein Mol Kupfer

Ein Mol Schwefel

■ Gib für diese beiden Stoffportionen die Masse an.

Aufgabe

Stelle die konstanten Massen- und Volumenverhältnisse bei der Reaktion von Magnesium mit Sauerstoff grafisch dar.

Wertetabelle		
m_{Mg} (m_1)	m_{MgO} (m_2)	V_{O_2} (V_2)
1,0 g	1,658 g	0,461 l
1,5 g	2,486 g	0,691 l
10,0 g	16,57 g	4,61 l
15,0 g	24,86 g	6,91 l
20,0 g	33,15 g	9,22 l
24,3 g	40,31 g	11,2 l

Klare Verhältnisse

Größen und Stoffportionen

Volumen V
gibt an, wie viel Raum eine Stoffportion einnimmt.

Einheit: $1\,m^3$, $1\,l$

Masse m
gibt an, wie schwer oder wie leicht bzw. wie träge die Stoffportion ist.

Einheit: $1\,g$, $1\,kg$

Stoffmenge n
gibt an, wie viele Teilchen einer Stoffportion vorliegen.

Einheit: $1\,mol \approx$ $6{,}022 \cdot 10^{23}$ Teilchen

Teilchenanzahl N
gibt an, wie viele Teilchen in der Stoffportion vorliegen.

molares Volumen V_m
gibt an, welches Volumen jedes Mol einer Stoffportion hat.

Einheit: $1\,l/mol$

$$V_m = \frac{V}{n}$$

molare Masse M
gibt an, welche Masse jedes Mol dieser Stoffportion besitzt.

Einheit: $1\,g/mol$

$$M = \frac{m}{n}$$

Avogadro-Konstante N_A
ist die Anzahl der Teilchen, die in einem Mol eines Stoffes enthalten sind.

$N_A = 6{,}022 \cdot 10^{23}/mol$

$$N_A = \frac{N}{n}$$

Massen- und Volumenberechnungen bei chemischen Reaktionen

Bei chemischen Reaktionen reagieren die Stoffe in festen Massen- und Volumenverhältnissen. Berechnungen sind über Größengleichungen möglich.

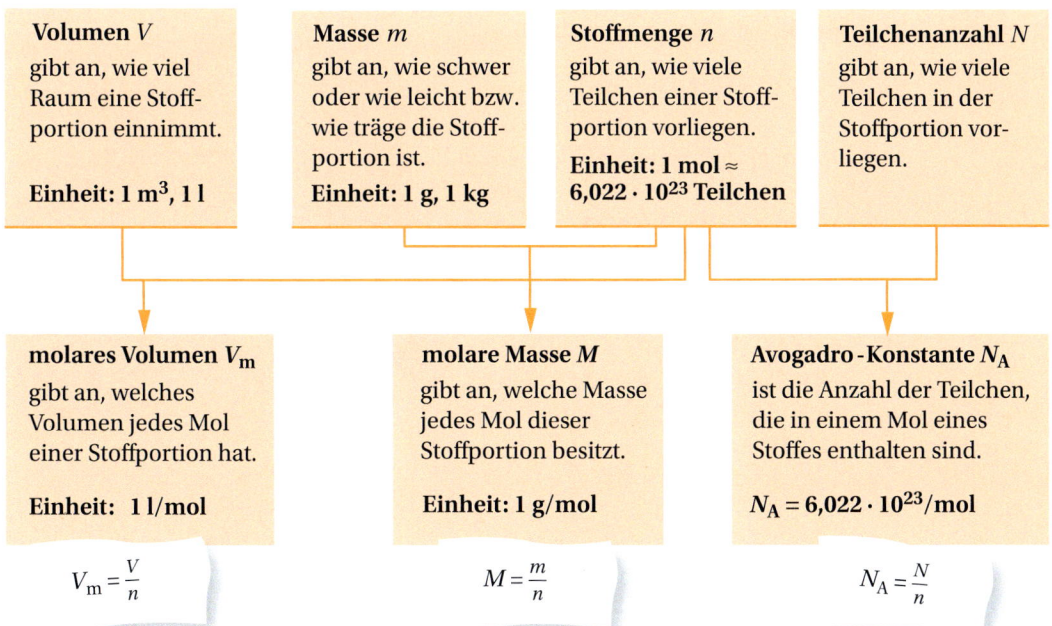

$$\frac{m_1}{m_2} = \frac{M_1 \cdot n_1}{M_2 \cdot n_2} \qquad \frac{V_1}{V_2} = \frac{n_1}{n_2} \qquad \frac{V_1}{m_2} = \frac{V_m \cdot n_1}{M_2 \cdot n_2}$$

m_1 bzw. V_1:   gesuchte Größe laut Aufgabenstellung

m_2 bzw. V_2:   gegebene Größe laut Aufgabenstellung

M_1 und M_2:   molare Massen, aus Stofftabellen ablesbar

n_1 und n_2:   Stoffmengen, aus der Reaktionsgleichung ablesbar

V_m bei Normbedingungen für alle Gase $22{,}4\,l/mol$

81

! Erforsche es

Wahlthema: Das Element Silicium

Ein winziges, aber entscheidendes Bauteil steckt in elektronischen Geräten. Ohne leistungsfähige Mikrochips klingelt kein Handy, bleibt jeder MP3-Player stumm und funktioniert kein Computer.
Für die Herstellung von Mikrochips ist **Silicium** nötig.

Silicium ist ein Halbmetall. Seine Struktur ähnelt der Diamantstruktur. Die Atome sind im Kristall ebenfalls tetraederförmig angeordnet. Daher ähneln sich auch einige Eigenschaften der Stoffe.

1. Beschreibe die Stellung des Elements Silicium im Periodensystem und zeichne das Atommodell.

2. Vergleiche den Bau des Siliciumatoms mit dem Bau des Kohlenstoffatoms.

3. Vergleiche die Eigenschaften von Diamant und Silicium. Finde Gemeinsamkeiten und Unterschiede.

4. Informiere dich über die natürlichen Vorkommen von Siliciumverbindungen. Schätze die Rohstoffbasis für die Herstellung von Silicium ein.

Steckbrief
Silicium

Eigenschaften:
   fester, kristalliner Stoff; dunkelgrau, metallisch glänzend; relativ große Härte (mohssche Härte 6,5); sehr gut wärmeleitend; Reinststoff gering elektrisch leitfähig, aber Zunahme der Leitfähigkeit bei Temperaturerhöhung
   Dichte: 2,33 g/cm^3
   Schmelztemperatur: 1 410 °C
   Siedetemperatur: 2 680 °C

Bau:
   diamant-
   artige
   Struktur der
   Kristalle

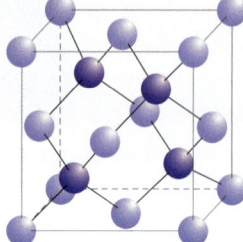

Verwendung:
   Herstellung von Wafern als Basis für Mikrochips und Halbleiter, Produktion von Solarzellen

Quarzsand ist ein wichtiger Grundstoff für die Produktion von Silicium. Er besteht zu einem großen Teil aus Siliciumdioxid (SiO_2).

5. Zur Herstellung von Rohsilicium wird Siliciumdioxid bei 1 800 °C mithilfe von Kohlenstoff reduziert. Vervollständige die Reaktionsgleichung, kennzeichne die Teilreaktionen dieser Redoxreaktion.

$$SiO_2 + \dots \longrightarrow \dots + 2\,CO$$

6. Diskutiert in der Gruppe, welche Bedingungen in den Produktionsräumen herrschen müssen.

7. Die elektronischen Schaltkreise der Mikrochips werden auf sogenannte Wafer aufgebracht. Recherchiere, was damit gemeint ist.

8. Im Laborexperiment kann Silicium durch die Reaktion von Magnesium mit Siliciumdioxid hergestellt werden.
   a) Stelle die Reaktionsgleichung auf.
   b) Gib die Reaktionsart an.
   c) Kennzeichne die Teilreaktionen und erläutere sie.

1 ppb (parts per billion) = 1 Fremdatom auf eine Mrd. Atome

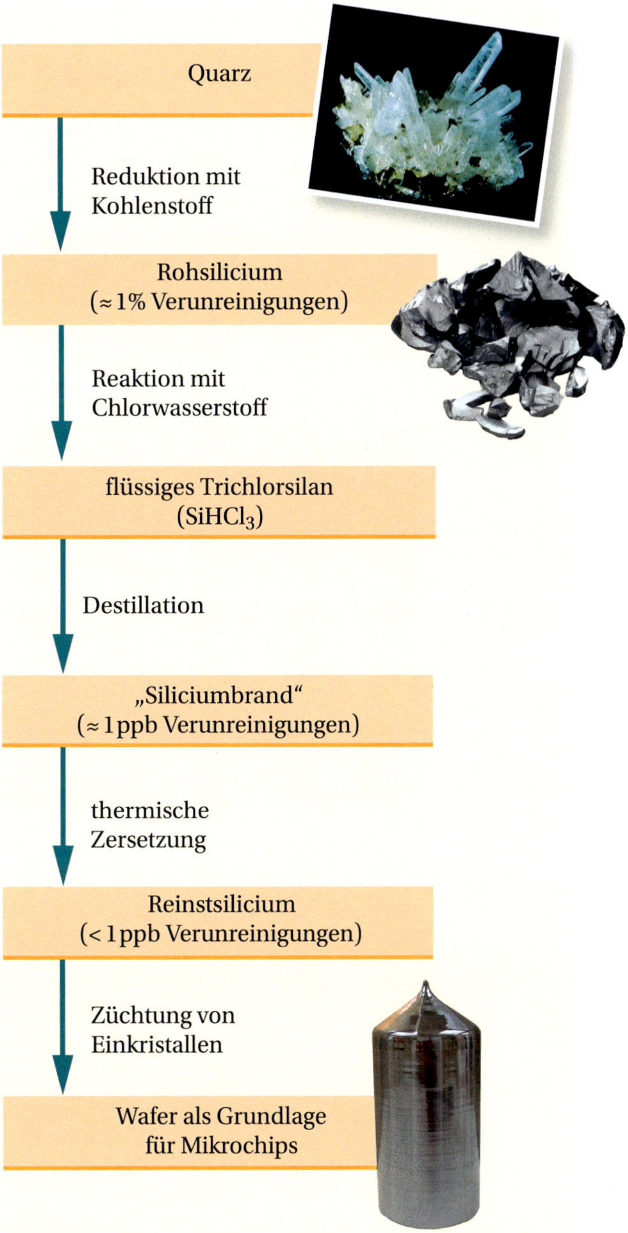

Quarz

Reduktion mit Kohlenstoff

Rohsilicium
($\approx 1\%$ Verunreinigungen)

Reaktion mit Chlorwasserstoff

flüssiges Trichlorsilan
($SiHCl_3$)

Destillation

„Siliciumbrand"
($\approx 1\,ppb$ Verunreinigungen)

thermische Zersetzung

Reinstsilicium
($< 1\,ppb$ Verunreinigungen)

Züchtung von Einkristallen

Wafer als Grundlage für Mikrochips

⊙ Das hast du gelernt

Vielfalt chemischer Reaktionen

Merkmale chemischer Reaktionen

Alle chemischen Reaktionen sind durch **vier Merkmale** gekennzeichnet:

- Stoffumwandlung
- Energieumwandlung
  (endotherm oder exotherm)

} makroskopische Ebene

- Veränderung bzw. Umordnung
  von Teilchen
- Aufspaltung alter und Bildung
  neuer chemischer Bindungen

} submikroskopische Ebene

Reaktionsarten

Redoxreaktion

Die Redoxreaktion ist eine Reaktionsart, bei der die Teil reaktionen Oxidation und Reduktion gleichzeitig ablaufen.

Im engeren Sinn:
Übergang von Sauerstoff

$$Fe_2O_3 + 3\,CO \longrightarrow 2\,Fe + 3\,CO_2$$

Fällungsreaktion

Die Fällungsreaktion ist eine Reaktionsart, bei der Ionen aus der Lösung zu schwer löslichen Verbindungen zusammentreten, die als Niederschlag ausfallen (häufig als Nachweisreaktion genutzt).

$$Ag^+ + Cl^- \longrightarrow AgCl\downarrow$$

Neutralisationsreaktion

Die Neutralisationsreaktion ist eine Reaktionsart, bei der Wasserstoff-Ionen und Hydroxid-Ionen zu Wassermolekülen zusammentreten.

$$H^+ + OH^- \longrightarrow H_2O$$

Löse mit Köpfchen

1. Exotherm oder endotherm?

Eine Chemielehrerin verbrennt Magnesium und stellt die Frage, ob es sich bei der eben abgelaufenen chemischen Reaktion um einen exothermen oder endothermen Verlauf handelt.
Ein Schüler antwortet, dass es sich um eine endotherme chemische Reaktion handelt, da Energie zugeführt werden musste.
Beurteile die Antwort.

2. Merkmale chemischer Reaktionen

Notiere die vier Merkmale der chemischen Reaktion. Erläutere sie am selbst gewählten Beispiel. 🔴 ↗ S. 133

3. Rosten – chemisch betrachtet

Setzt man Gegenstände aus Eisen ungeschützt feuchter Luft aus, rosten sie.
a) Handelt es sich bei dieser Reaktion um eine endotherme oder eine exotherme Reaktion? Begründe deine Ansicht. 🔴 ↗ S. 132
b) Widerspricht diese Beobachtung nicht der Aussage, dass immer eine Aktivierungsenergie nötig ist, um Stoffe in den reaktionsfähigen Zustand zu versetzen? Löse diesen scheinbaren Widerspruch. ➕

4. Warme Wohnungen

Zeige an verschiedenen Heizungsarten, dass das Heizen der Wohnungen oft ein Anwenden exothermer chemischer Reaktionen ist.

5. Reaktionsprodukt Wasser

Stelle die Reaktionsgleichung für die Bildung von Wasser aus den Elementsubstanzen auf.
a) Leite qualitative und quantitative Aussagen aus dieser Reaktionsgleichung ab.
b) Erläutere das Gesetz von der Erhaltung der Masse an diesem Beispiel. 🔴 ↗ S. 133

6. Klare Verhältnisse

a) Welche Masse Kupfer kann durch Reduktion von 1,5 g Kupfer(II)-oxid im Wasserstoffstrom gewonnen werden (Abb. unten)?
b) Berechne, welches Volumen an Wasserstoff im Normzustand verbraucht wurde, um durch Reduktion von Kupferoxid die in Aufgabenteil a ermittelte Masse an Kupfer zu erhalten.

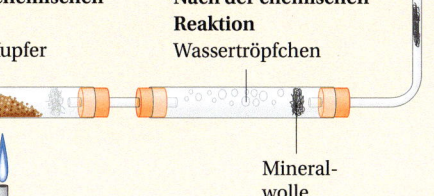

Vor der chemischen Reaktion
dunkelgraues Kupfer(II)-oxid

Nach der chemischen Reaktion
rötliches Kupfer

Nach der chemischen Reaktion
Wassertröpfchen

Nicht verbrauchter Wasserstoff wird aus Sicherheitsgründen abgebrannt.

Wasserstoff

Mineralwolle

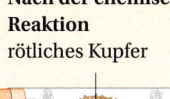

Chemische Reaktionen
im Griff

Schnelle und langsame Reaktionen

Weise Chlorid-Ionen mit Silbernitratlösung nach. Beurteile die Geschwindigkeit, mit der die Reaktion abläuft.

Fällungsreaktionen laufen sehr schnell ab, beispielsweise beim Nachweis von Chlorid-Ionen mit Silbernitratlösung.
Explosionen wie die Knallgasreaktion sind von noch kürzerer Dauer.
Das Rosten von Eisen geht sehr langsam vonstatten: Wenn du die Kette deines Fahrrads nicht regelmäßig ölst, werden die Kettenglieder von Woche zu Woche immer mehr Rost ansetzen.
Das Eisen, der Sauerstoff und die Feuchtigkeit der Luft reagieren sehr langsam miteinander.

Offensichtlich können chemische Reaktionen mit unterschiedlicher **Reaktionsgeschwindigkeit** ablaufen. Das heißt, **dass in einer bestimmten Zeiteinheit** unterschiedlich viele **Teilchen** eines Ausgangsstoffs A mit Teilchen eines zweiten Ausgangsstoffs B reagieren.

> Die Reaktionsgeschwindigkeit gibt an, wie viele Teilchen der Ausgangstoffe in einer bestimmten Zeiteinheit zu Teilchen der Reaktionsprodukte reagieren.

Notiere Reaktionen mit großer bzw. geringer Reaktionsgeschwindigkeit. Erläutere den Begriff.

⊕ Wusstest du schon…

Die Stoßtheorie

Die Stoßtheorie ist ein Modell, mit dem du dir besser vorstellen kannst, was bei chemischen Reaktionen im Teilchenbereich passiert. Dieses Modell besagt:

1. Teilchen bewegen sich ungeordnet. Bei steigender Temperatur bewegen sie sich schneller.
2. Teilchen stoßen durch die Bewegung zusammen.
3. Damit eine chemische Reaktion erfolgt, müssen die Teilchen wirksam zusammenstoßen. Dazu benötigen sie eine Mindestenergie und müssen in geeigneter Weise zueinander ausgerichtet sein.
4. Je häufiger wirksame Zusammenstöße in einer bestimmten Zeiteinheit erfolgen, desto schneller reagieren die Ausgangsstoffe miteinander.

Mithilfe des Modells kannst du auch verstehen, wie man die Geschwindigkeit der Reaktionen beeinflussen kann.

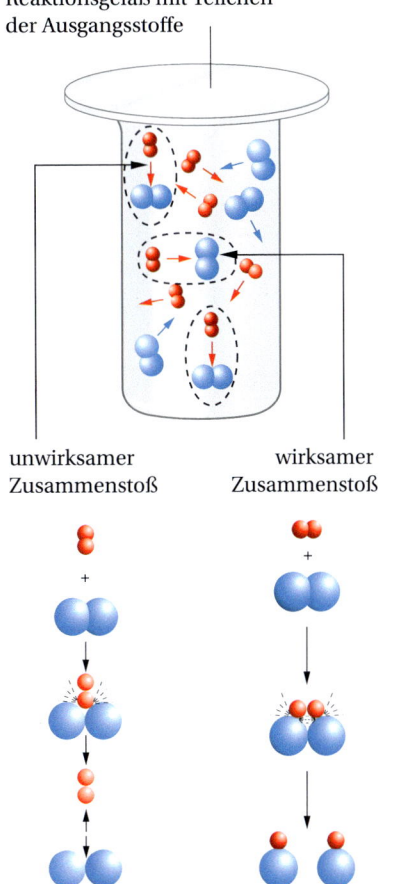

Reaktionsgefäß mit Teilchen der Ausgangsstoffe

unwirksamer Zusammenstoß

wirksamer Zusammenstoß

Sicher spielen die Anzahl der Teilchen und die Temperatur eine Rolle.

Aufgaben

1 — Chemiker sind häufig daran interessiert, die Geschwindigkeit von Reaktionen zu beeinflussen. Diskutiert mögliche Vorteile. 🔁

2 — Diskutiert folgenden scheinbaren Widerspruch: Ein Knallgasgemisch ist im Reagenzglas relativ harmlos. Wenn ihr die Reagenzglasöffnung an eine Flamme haltet, erfolgt jedoch eine heftige Reaktion. 🔁

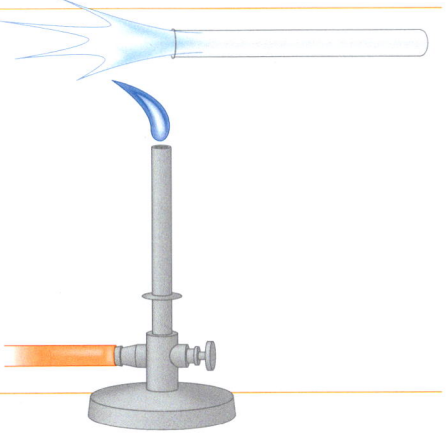

Chemische Reaktionen im Griff

Mehr Tempo ...

Untersucht den Einfluss der Temperatur auf das Rosten von Eisen. Erhitzt das Wasser dazu einmal auf 20 °C und einmal auf 40 °C.

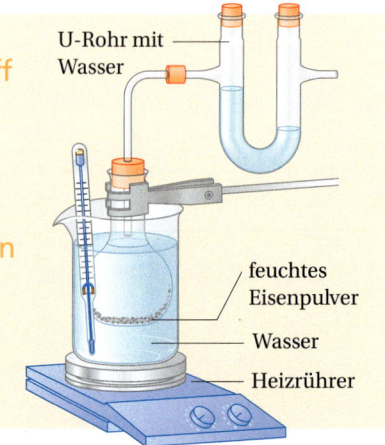

U-Rohr mit Wasser

feuchtes Eisenpulver

Wasser

Heizrührer

... durch Wärme

Wird das Wasser auf 40 °C erhitzt, rostet das Eisenpulver schneller als bei 20 °C. Erhöhst du die Temperatur in einem Reaktionsgefäß, dann nimmt die Geschwindigkeit der Teilchen zu. Damit erhöht sich ihre Bewegungsenergie. So besitzen mehr Teilchen die Mindestenergie für einen wirksamen Zusammenstoß.

Beim Rosten genügt zwar schon die Energie der Raumtemperatur aus, um die Teilchen ausreichend zu aktivieren und so die Reaktion der Ausgangsstoffe mit einer bestimmten Geschwindigkeit zu ermöglichen.
Eine zusätzliche Energiezufuhr beschleunigt den Prozess jedoch offensichtlich. Das trifft auch auf andere Reaktionen zu.

Bereits im 19. Jh. stellten Chemiker experimentell fest, dass die Reaktionsgeschwindigkeit bei vielen Reaktionen um das Zwei- bis Dreifache zunimmt, wenn die Temperatur um 10 °C erhöht wird.

Beim Rosten reicht die Energie der Umgebung aus, damit die Teilchen der Ausgangsstoffe aktiviert werden. Das ist nicht bei allen Reaktionen der Fall. So musst du Magnesium in der Brennerflamme entzünden, obwohl es sich um eine exotherme Reaktion handelt. Die Teilchen werden erst durch die Energie der Brennerflamme aktiviert. Danach kannst du den Magnesiumspan aus der Flamme nehmen. Die Reaktion liefert jetzt selbst genug Energie.

● Mit steigender Temperatur nimmt die Reaktionsgeschwindigkeit zu, da in gleicher Zeit mehr Teilchen aktiviert werden und wirksam zusammenstoßen können.

… durch mehr Teilchen

In einer bestimmten Zeit können umso mehr Teilchen miteinander reagieren, je öfter sie zusammenstoßen. Je mehr Teilchen eines Stoffs A und eines Stoffs B in einem bestimmten Volumen vorhanden sind, desto größer ist ihre Chance für einen wirksamen Zusammenstoß. So ist es beispielsweise entscheidend, welche Konzentration Säuren und Basen bei einer Reaktion haben. Eine höhere Konzentration bewirkt eine Erhöhung der Reaktionsgeschwindigkeit.

Bei Gasen ist es ähnlich. Die Reaktionsgeschwindigkeit lässt sich dadurch erhöhen, dass mehr gasförmige Ausgangsstoffe in das Reaktionsgefäß gegeben werden.

Dabei wird der Druck im Gefäß größer. Eine Druckerhöhung ist gleichbedeutend mit der Erhöhung der Teilchenzahl in einem bestimmten Volumen. Diese Druckerhöhung bedingt eine Beschleunigung der Reaktion.

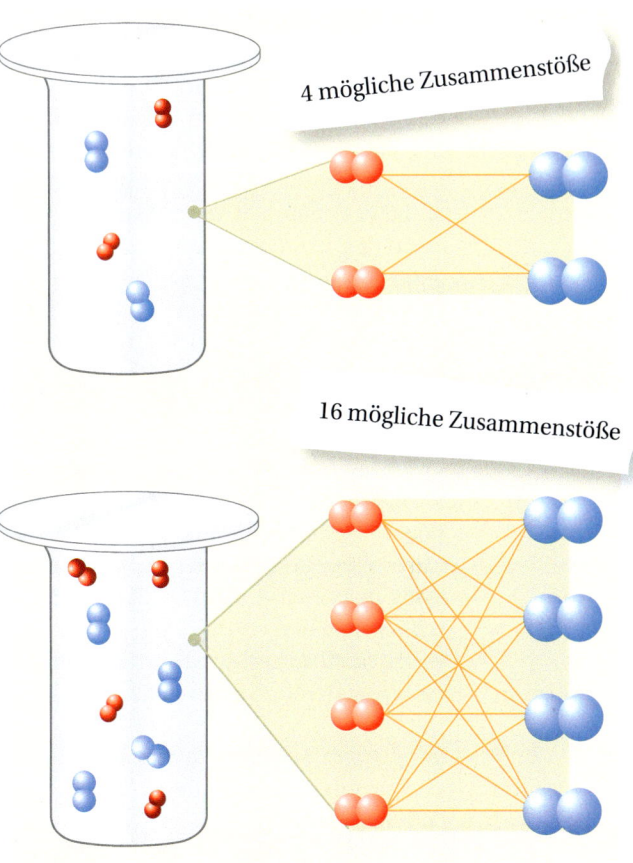

4 mögliche Zusammenstöße

16 mögliche Zusammenstöße

> Die Reaktionsgeschwindigkeit erhöht sich mit zunehmender Anzahl von Teilchen in einem bestimmten Volumen. Sie ist der Teilchenzahl direkt proportional.

▌ Erläutere anhand der Abbildung, wie die Teilchenzahl die Reaktionsgeschwindigkeit beeinflusst.

Aufgaben

1 __ Erläutere den Zusammenhang zwischen Temperaturerhöhung und Erhöhung der Reaktionsgeschwindigkeit einer Reaktion. 🖰 ↗ S. 133

2 __ Erläutere den Zusammenhang zwischen der Anzahl der Teilchen in einem bestimmten Volumen und der Reaktionsgeschwindigkeit einer chemischen Reaktion. 🖰 ↗ S. 133

3 __ Erklärt, warum bei allen chemischen Reaktionen die Teilchen aktiviert werden müssen.
Gebt an, in welcher Form die notwendige Energie zugeführt werden kann.
Diskutiert, was auf dem Schild stehen könnte. 🧿

Achtung: Explosionsgefahr! Meide …

… durch Katalysatoren

Sicher hast du schon von Abgaskatalysatoren in Autos gehört. Der Chemiker meint mit einem „Katalysator" jedoch nicht das Gerät, sondern einen bestimmten Stoff. So bewirkt beispielsweise Platin die Umwandlung von Schadstoffen in ungefährliche Stoffe.

Ohne den **Katalysator** laufen die chemischen Reaktionen gar nicht bzw. nur sehr langsam ablaufen.

Die meisten Katalysatoren erhöhen die Reaktionsgeschwindigkeit.

Solche Stoffe gibt es sogar in unserem Körper. Sie sorgen dafür, dass die Stoffwechselprozesse trotz der recht niedrigen Körpertemperatur von 37 °C ausreichend schnell ablaufen.

Da die Stoffe in Lebewesen wirken, heißen sie Biokatalysatoren (bzw. Enzyme).

Verblüffend ist, dass Katalysatoren nach Beendigung der Reaktionen wieder **unverändert vorliegen.**

Wie können sie also die beschleunigende Wirkung haben?

Katalysatoren bilden mit den Ausgangsstoffen Zwischenprodukte aus. Mit ihrer Hilfe wird sozusagen ein leichterer, energetisch günstigerer Reaktionsweg eingeschlagen.

Daher wird **zur Aktivierung der Teilchen weniger Energie benötigt.** Die Mindestenergie der Teilchen ist schneller erreicht. So reagieren mehr Teilchen pro Zeiteinheit miteinander.

In der chemischen Industrie haben Katalysatoren eine große Bedeutung. Mit ihrer Hilfe können Reaktionen bei tiefen Temperaturen stattfinden. Dadurch wird Energie gespart und die Umwelt entlastet. Nicht zuletzt werden so Kosten gemindert.

> • Die Reaktionsgeschwindigkeit kann durch geeignete Katalysatoren erhöht werden.

Aufgabe

Bewerte den Einsatz von Katalysatoren in der chemischen Industrie unter ökonomischen Gesichtspunkten. 👍 😊 ↗ S. 109

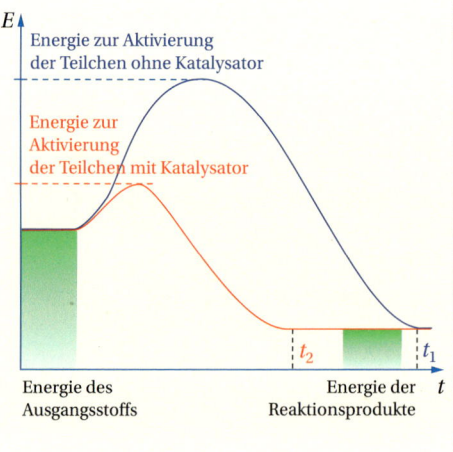

E

Energie zur Aktivierung der Teilchen ohne Katalysator

Energie zur Aktivierung der Teilchen mit Katalysator

t_2 t_1

Energie des Ausgangsstoffs Energie der Reaktionsprodukte t

▮ Interpretiere die Zeichnung und die Grafik. Erläutere die Wirkung von Katalysatoren.

Erforsche es !

Enzyme als Biokatalysatoren

1. Enzyme katalysieren Stoffwechselprozesse. Ermittle einige Beispiele für
   solche Stoffwechselprozesse.
   Gib an, welches Enzym jeweils wirkt.

2. Lies folgenden Text und schildere mit
   eigenen Worten, wie Biokatalysatoren
   (Enzyme) wirken.

> Jede Reaktion hat ihr spezielles En-
> zym, das zu einem bestimmten Stoff
> (Substrat) passt wie ein Schlüssel
> zum Schloss (Schlüssel-Schloss-
> Prinzip).
> Das Enzym bildet während der Reak-
> tion mit dem Substrat einen Enzym-
> Substrat-Komplex. Dadurch wird die
> notwendige Energie zur Aktivierung
> der Teilchen herabgesetzt.
> Nach der Stoffumwandlung zerfällt
> der Komplex in die Reaktionspro-
> dukte und das Enzym. Das Enzym
> kann sich erneut mit dem Substrat
> verbinden.

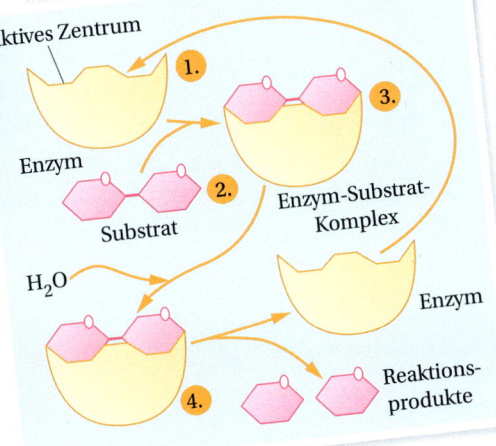

aktives Zentrum

1.

3.

Enzym

2.

Substrat

Enzym-Substrat-
Komplex

H_2O

Enzym

4.

Reaktions-
produkte

S | Experiment

Aufgabe:
Untersuche den Einfluss von Kartoffelpresssaft auf den zeitlichen
Verlauf der Zersetzung von Wasser-
stoffperoxid.

Vorbereitung:
Geräte: Reagenzgläser, Holzspan,
Brenner, Schutzbrille, Spatel
Chemikalien: Kartoffelpresssaft,
Wasserstoffperoxidlösung ($\omega \approx 5\%$,
GHS05)

Durchführung:
  a) Gib 5 ml Wasserstoff-
    peroxidlösung in ein
    Reagenzglas und halte
    einen glimmenden
    Holzspan über die
    Öffnung.
  b) Gib 5 ml Wasserstoff-
    peroxidlösung in ein
    Reagenzglas, füge
    Kartoffelpresssaft
    hinzu und halte einen
    glimmenden Holzspan
    über die Öffnung.

**Beobachtung und
Auswertung:**
  1. Notiere deine Beobachtungen.
  2. Erläutere, warum der glimmende
    Holzspan jeweils über die
    Öffnungen der Reagenzgläser
    gehalten werden soll.
  3. Leite aus diesen Beobachtungen
    ab, welche Funktion der Kartof-
    felpresssaft hat.

C Das hast du gelernt

Chemische Reaktionen im Griff

Damit die Ausgangsstoffe miteinander reagieren, müssen ihre Teilchen eine Mindestenergie aufweisen.

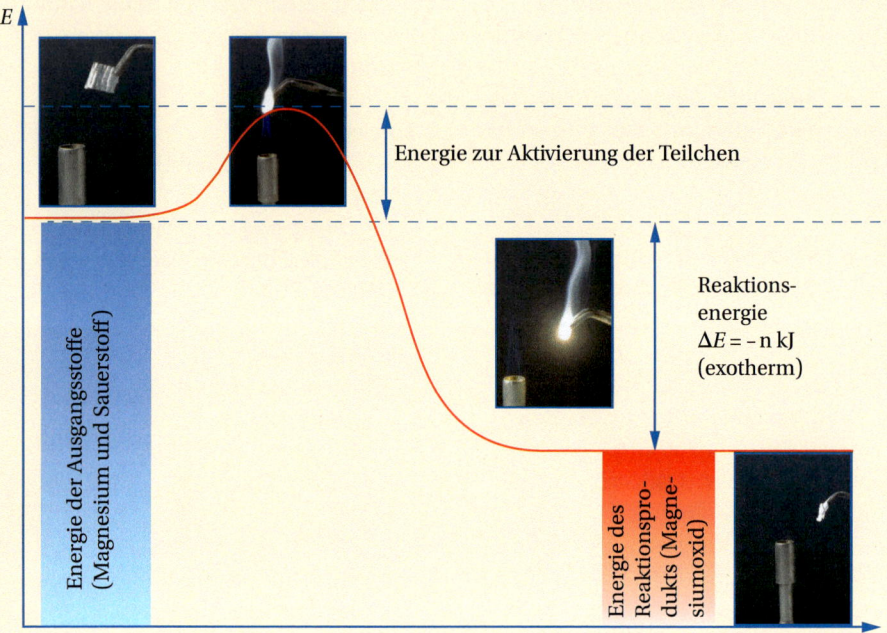

Chemische Reaktionen laufen mit einer bestimmten Geschwindigkeit ab. Die Reaktionsgeschwindigkeit gibt an, wie viele Teilchen der Ausgangsstoffe in einer bestimmten Zeiteinheit zu Teilchen der Reaktionsprodukte reagieren.

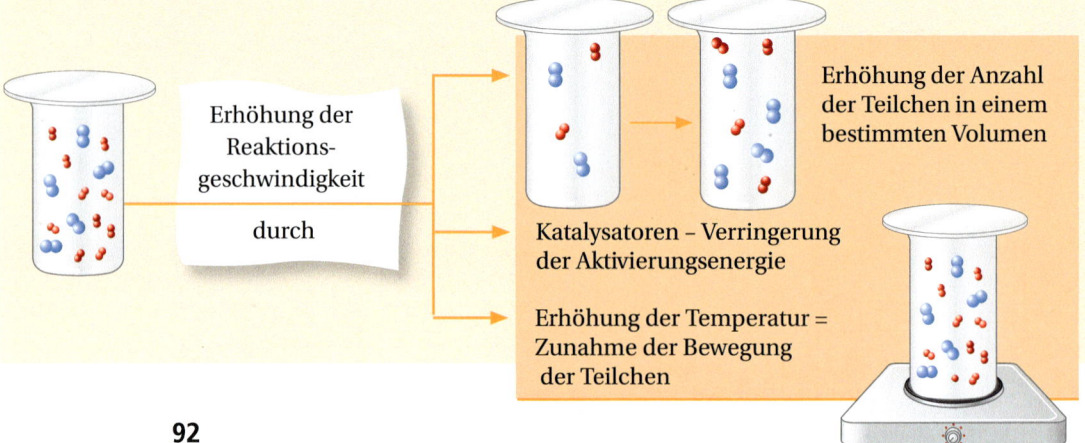

Löse mit Köpfchen

1. Langsam oder schnell?

a) Weise nach, dass chemische Reaktionen mit unterschiedlicher Geschwindigkeit ablaufen. Nenne je drei Beispiele für langsame und schnelle Reaktionen aus Natur und Technik.

b) Entwickle mit deiner Banknachbarin bzw. deinem Banknachbarn eine Mindmap zu Bedingungen chemischer Reaktionen.  ↗ S. 77

2. Phänomene verstehen

Begründe, warum Lebensmittel im Kühlschrank länger haltbar sind. Recherchiere weitere Möglichkeiten, die Haltbarkeit von Lebensmitteln zu verlängern. ↗ S. 132

3. Werdet Experten

Informiert euch über die Bedingungen, die die Geschwindigkeit chemischer Reaktionen beeinflussen.
Präsentiert eure Ergebnisse.
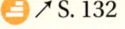 ↗ S. 119

4. Tricksen mit Chemie

Das Abbinden von Kalkmörtel kann durch folgende Reaktionsgleichung beschrieben werden:

$$Ca(OH)_2 + CO_2 \longrightarrow CaCO_3 + H_2O$$

Erkläre, warum der Prozess durch das Abbrennen eines offenen Kohlenfeuers beschleunigt wird. ↗ S. 101

5. Selbst erforscht

Stelle eine begründete Vermutung auf, wie sich eine Erhöhung des Zerteilungsgrads der Ausgangsstoffe auf die Reaktionsgeschwindigkeit auswirken wird. Überprüfe deine Vermutung experimentell anhand des Rostens von Eisen. S
↗ S. 132

6. Theorie und Praxis

Da ein Katalysator nach der chemischen Reaktion unverändert vorliegt, müsste er zeitlich unbegrenzt einsetzbar sein. Finde mögliche Ursachen, warum das in der Praxis nicht der Fall ist.

7. Vom Nutzen eines Katalysators

Das unten stehende Diagramm beschreibt den Verlauf einer chemischen Reaktion mit und ohne Katalysator.

a) Beschrifte und interpretiere das Diagramm.

b) Beschreibe den allgemeinen Verlauf einer katalytischen Reaktion und stelle die wesentlichen Merkmale eines Katalysators heraus. ⊕

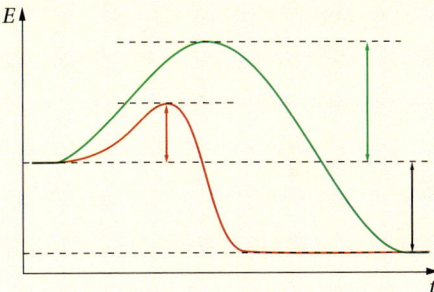

8. Explosive Sache

Erkläre, warum Silvesterraketen immer eine Zündschnur besitzen. ↗ S. 101

Chemisch-technische
Verfahren

Vom Luftstickstoff zum Ammoniumsalz

Wie kommt der Stickstoff in den Dünger?

Wie das Statistische Bundesamt mitteilte, wurden im Zeitraum 2012/13 ca. 1,65 Mio. Tonnen Stickstoffdünger an landwirtschaftliche Absatzorganisationen oder Endverbraucher in Deutschland verkauft.

Steckbrief

Ammoniak NH$_3$

Eigenschaften:
farbloses, stechend riechendes Gas, giftig, reizt die Schleimhäute, in Wasser löslich (518 l je 1 l Wasser bei 20 °C), kann schon bei 8–9 bar verflüssigt werden
Dichte: 0,77 g/l (bei 25 °C)
Schmelztemperatur: −78 °C
Siedetemperatur: −33 °C

Bau: Kalotten-
modell

Strukturformel

$$H-\overset{\displaystyle \mid}{\underset{\displaystyle \mid}{\overline{N}}}-H$$
$$H$$

Ammoniak als Ausgangsstoff

| Harnstoff | Kunststoffe | Ammonium-salze | Salpeter-säure |

Väter der technischen Ammoniaksynthese

FRITZ HABER
* 09.12.1868
† 29.01.1934

CARL BOSCH
* 27.08.1874
† 26.04.1940

ALWIN MITTASCH
* 27.12.1869
† 04.06.1953

Zwischenprodukt Ammoniak

Zu Beginn des 20. Jahrhunderts reichten die natürlichen mineralischen stickstoffhaltigen Düngemittel nicht mehr aus, um den Boden ausreichend zu versorgen. Obwohl der Ausgangsstoff Stickstoff zur Genüge zur Verfügung stand, war die großtechnische Verwertung zur Herstellung von Düngemitteln lange Zeit ein Problem. Heute ist **Ammoniak** ein wichtiger Ausgangsstoff für die Düngemittelproduktion. Die entscheidende Reaktion bei dem **großtechnischen Verfahren** zur Herstellung von Ammoniak ist die Reaktion von **Stickstoff mit Wasserstoff.**

$$N_2 + 3\,H_2 \rightleftharpoons 2\,NH_3 \qquad Q = -92\ \text{kJ/mol}$$

Dabei ist es besonders wichtig, geeignete Reaktionsbedingungen einzuhalten, denn die **Ausgangsstoffe setzen sich nicht vollständig um.** Ein Teil des Ammoniaks zerfällt sofort wieder in seine Ausgangsstoffe.

Die Grundlagen für die großtechnische Herstellung von Ammoniak wurden von FRITZ HABER und CARL BOSCH geschaffen. Daher heißt das Verfahren Haber-Bosch-Verfahren. ALWIN MITTASCH fand einen Katalysator, der den Prozess ökonomisch machte.

Schema der Ammoniaksynthese
(Haber-Bosch-Verfahren)

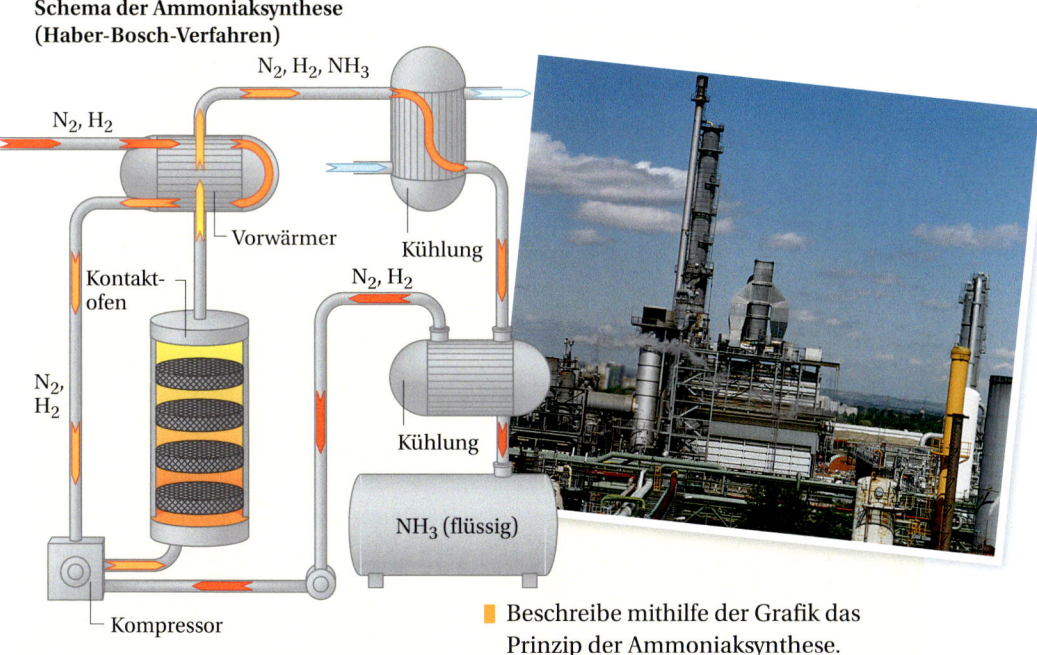

■ Beschreibe mithilfe der Grafik das Prinzip der Ammoniaksynthese.

Die Ammoniaksynthese erfolgt im **Kontaktofen.** Das Gemisch aus Wasserstoff und Stickstoff wird über einen erhitzten **Katalysator** geleitet.

Reaktionsbedingungen:
Temperatur: 450–500 °C
Druck: 20–30 MPa
Katalysator: eisenoxidhaltiger
                        Mischkatalysator

Arbeitsprinzipien:
– Wärmeaustausch durch Gegenstrom
– Kreislaufprinzip

Die hohen Temperaturen von 450 bis 500 °C sind notwendig, um die volle Wirksamkeit des Katalysators zu ermöglichen. Durch den hohen Druck wird der Zerfall des gebildeten Ammoniaks vermindert. Trotz dieser Bedingungen wird nur eine Ausbeute von 17 bis 19 % erreicht.

> ● Durch die Wahl geeigneter Reaktionsbedingungen wird die Ammoniaksynthese erst großtechnisch möglich.

Aufgaben

1 — Natürliche Nitratlieferanten sind Chilesalpeter (Natriumnitrat) und Kalisalpeter (Kaliumnitrat). Notiere die Formeln der Stoffe und interpretiere sie.

2 — Beschäftigt euch mit dem Leben der drei „Väter" der Ammoniaksynthese. Schreibt jeweils eine Biografie. 👥

3 — Die natürlichen Stickstoffverbindungen (Salpeter) waren nicht nur Ausgangsstoff für Düngemittel, sondern auch für Sprengstoff. Recherchiere die Bedeutung des Haber-Bosch-Verfahrens im Zusammenhang mit der deutschen Geschichte. ➕

4 — a) Erläutere, warum bei der Ammoniaksynthese das Kreislaufprinzip genutzt wird. 🖺 ↗ S. 133

b) Erläutere, warum die Stoffe im Gegenstrom geführt werden. 🖺

➕ Wusstest du schon …

Kein Anspruch auf Vollständigkeit

Schaust du dir die Reaktionsgleichung für die Ammoniaksynthese an, stellst du fest, dass du es eigentlich mit zwei Reaktionen zu tun hast.
Die Bildung von Ammoniak (**Hinreaktion**) und der Zerfall von Ammoniak (**Rückreaktion**) laufen **gleichzeitig** ab. Daher ist der **Stoffumsatz** der Ausgangsstoffe immer **unvollständig.**

Ausgangs-stoffe	→ Hinreaktion ← Rückreaktion	Reaktions-produkte

Solche Reaktionen heißen **umkehrbare Reaktionen.** Sie werden durch den Doppelpfeil symbolisiert.
Diese Reaktionen lassen sich durch die Wahl der Reaktionsbedingungen beeinflussen. Wesentliche Reaktionsbedingungen sind Temperatur, Konzentration und bei gasförmigen Stoffen der Druck.
Für die Ammoniaksynthese würde der Einfluss der Reaktionsbedingungen wie folgt aussehen:

In unserem Fall sollte durch die Wahl der Bedingungen die **Bildung von Ammoniak begünstigt** werden. Ideal wäre eine Prozessführung bei möglichst **niedriger Temperatur** und möglichst **hohem Druck.** Wird das Reaktionsprodukt ständig abgeführt, wird die Hinreaktion positiv beeinflusst.

In der Realität lassen sich diese Reaktionsbedingungen nicht einstellen, denn bei niedriger Temperatur funktioniert der Katalysator nicht.
Die Materialeigenschaften des Reaktionsapparats und der Energieaufwand begrenzen den Druck, bei dem der Prozess geführt werden kann.
Allerdings wird dem Kreislauf ständig Ammoniak entzogen.

So **stellen** die realen **Reaktionsbedingungen in der Technik einen Kompromiss dar.** Weil die Reaktionsbedingungen nicht optimal sind, wird auch keine hohe Ausbeute erreicht. Damit die nicht umgesetzten Ausgangsstoffe nicht verloren sind, werden sie dem Kreislauf wieder zugeführt. So lässt sich die Ammoniaksynthese trotz allem ökonomisch gestalten.

Temperatur:

→ Niedrige Temperatur begünstigt die exotherme Hinreaktion.

$$N_2 + 3\,H_2 \rightleftharpoons 2\,NH_3$$

← Hohe Temperatur begünstigt die endotherme Rückreaktion.

Konzentration:

→ Konzentration**serniedrigung** von NH_3 führt zur Bildung des Stoffs.

$$N_2 + 3\,H_2 \rightleftharpoons 2\,NH_3$$

Druck:

→ Hoher Druck begünstigt die Volumenabnahme.

$$
\begin{array}{cccc}
N_2 & + & 3\,H_2 & \rightleftharpoons & 2\,NH_3 \\
1\ mol & & 3\ mol & & 2\ mol \\
= 22{,}4\ l & & = 67{,}2\ l & & = 44{,}8\ l
\end{array}
$$

← Niedriger Druck begünstigt die Volumenzunahme.

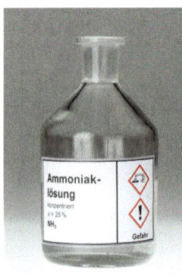

Vom Luftstickstoff zum Ammoniumsalz

Düngung
Durch die landwirtschaftliche Produktion werden dem Boden u. a. stickstoffhaltige Ionen entzogen. Durch mineralische Dünger können sie wieder ersetzt werden.

Luft   Erdgas, Erdöl, Kohle

| Stickstoff | Wasserstoff |

Haber-Bosch-Verfahren (großtechnische Ammoniaksynthese im Kontaktofen)

450–500 °C
20–30 MPa
Katalysator

Ammoniak

Arbeitsprinzipien:

– Kreislaufprozess
– Wärmeaustausch durch Gegenstrom

Reaktion mit verschiedenen Säuren

Ammoniumsalze

Ammonium-Ionen NH_4^+ entstehen bei chemischen Reaktionen, wenn Ammoniak mit Säurelösungen reagiert. Stelle mindestens zwei Beispielgleichungen für die Bildung von Ammoniumsalzen auf.

Kalkammonsalpeter enthält 74 % NH_4NO_3

97

Wahlthema: Düngemittel

Nitrate – ideale Düngemittel?

Nitrate – was denn nun: Pflanzennährstoffe oder Gift? Informiere dich.

Nitratmangel führte zu niedrigen Ernten

Zu viel Nitrat im Salat Gefahr für unsere Gesundheit

Die unsichtbare Gefahr im Trinkwasser

S | Erforsche es

Salat im Test

Aufgabe:
Ermittle den Nitratgehalt im Kopfsalat.

Vorbereitung:
Geräte und Materialien: Mörser und Pistill, Waage, Messzylinder, Kohlefilter, Becherglas, Teststreifen für Nitrat, destilliertes Wasser, Salat

Durchführung:
– Wasche die Blätter gründlich.
– Wäge eine Probe von 10 g aus.
– Zerreibe die Probe.
– Verrühre das Pflanzenmaterial mit 100 ml destilliertem Wasser.
– Filtriere die Mischung nach 20 Minuten.
– Teste das Filtrat mit dem Teststreifen.

Beobachtung und Auswertung:
Notiere die Beobachtung. Beurteile das Ergebnis. Nutze dazu die EU-Grenzwerte für Nitrat.

EU-Grenzwerte für Nitrat in Salaten in mg Nitrat/kg:
Ernte vom 01.10. bis 31.03.:
 - unter Glas angebauter Salat 4500
 - Freilandsalat 4000
Ernte vom 01.04. bis 30.09.:
 - unter Glas angebauter Salat 3500
 - Freilandsalat 3000

Nitrat-Ionen sind wichtige **Makronährstoffe** für Pflanzen. Das bedeutet, sie benötigen größere Mengen davon.
Trotzdem ist ein Zuviel nicht gut. Es belastet die Umwelt und eventuell auch unsere Gesundheit.
Ist das Angebot an Nitrat-Ionen im Boden durch hohe Düngergaben zu groß, kann die Pflanze die aufgenommenen Ionen nicht sofort in organische Stoffe umwandeln.
Der Gehalt in den Salatblättern steigt.

Nitrat-Ionen sind für uns nur in größeren Mengen giftig. Sie werden allerdings in unserem Körper in Nitrit-Ionen umgewandelt. Nitrit-Ionen beeinträchtigen die Sauerstoffbindung unseres Bluts.
Außerdem kann es zur Bildung von krebserregenden Stoffen kommen.

Trotzdem sind solche möglichen Folgereaktionen normalerweise kein Grund, um auf Salat zu verzichten. Werden die Grenzwerte eingehalten, steht dem Genuss nichts im Wege.

Nitrate sind **Salze der Salpetersäure.** Sie bilden sich, wenn die Säure mit unedlen Metallen, Metalloxiden oder mit alkalischen Lösungen bzw. mit Ammoniak reagiert.

Verwendung einiger Nitrate	
Nitrat	Verwendung
Ammonium-nitrat NH_4NO_3	Bestandteil eines Düngemittels (Kalkammonsalpeter), Bestandteil von Sprengstoffen
Natrium-nitrat $NaNO_3$	Düngemittel (Natronsalpeter), früher Ausgangsstoff der Salpetersäureproduktion, Bestandteil von Sprengstoffen
Kaliumnitrat KNO_3	Düngemittel (Kalisalpeter), Bestandteil von Schwarzpulver
Silbernitrat $AgNO_3$	Nachweismittel für Halogenid-Ionen

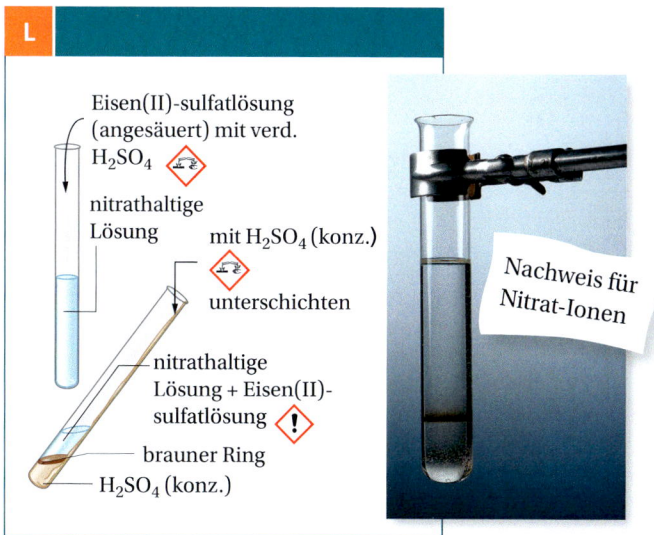

L

Eisen(II)-sulfatlösung (angesäuert) mit verd. H_2SO_4

nitrathaltige Lösung

mit H_2SO_4 (konz.)

unterschichten

nitrathaltige Lösung + Eisen(II)-sulfatlösung

brauner Ring

H_2SO_4 (konz.)

Nachweis für Nitrat-Ionen

Nitrate sind sehr gut in Wasser löslich.

Beispiel: $KNO_3 \xrightarrow{H_2O} K^+ + NO_3^-$

So können Nitrate gut von den Wurzeln der Pflanzen aufgenommen werden. Nitrat-Ionen beeinflussen die Stickstoffbilanz für die Pflanzen sehr schnell, da sie direkt verwertet werden können.
Ammonium-Ionen wirken langsamer. Sie müssen erst in Nitrat-Ionen umgewandelt werden.
Daher zeigt Ammoniumnitrat sowohl eine kurzfristige als auch eine langfristige Wirkung. Doch auch andere Nitrate kommen als **Düngemittel** zum Einsatz.
Zudem spielen Nitrate als Bestandteile von Zündgemischen in Feuerwerkskörpern eine Rolle. Sie besitzen **oxidierende Wirkung.** Bei ihrer thermischen Zersetzung wird Sauerstoff frei.

$2\,KNO_3 \longrightarrow 2\,KNO_2 + O_2$

- Nitrate sind Salze der Salpetersäure. Viele dienen als stickstoffhaltige Düngemittel.

Aufgaben

1 — Deine Lehrkraft führt die Ringprobe vor. Beschreibe diesen Nachweis der Nitrat-Ionen. Nutze dazu auch die obige Abbildung.

2 — Stelle je eine mögliche Reaktionsgleichung auf für die Reaktion von Salpetersäure
  – mit einem unedlen Metall,
  – mit einem Metalloxid,
  – mit einer alkalischen Lösung.
  Benenne die entstehenden Nitrate.

3 — Düngemittel, die Ammoniumnitrat enthalten, sind bei Stickstoffmangel im Boden besonders wirksam. Erkläre diese Tatsache. ↗ S. 101

4 — In einem Reagenzglas wird von der Lehrkraft eine kleine Probe Kaliumnitrat erhitzt und mit einem glimmenden Holzspan geprüft. Beschreibe deine Beobachtungen. Erkläre das Phänomen und stelle eine Reaktionsgleichung auf. +

glimmender Span

?

! Erforsche es

Düngemittel im Test

Bei vielen handelsüblichen Düngemitteln handelt es sich um Salze – Mineraldünger.

Justus Freiherr von Liebig (1803–1873) gilt als Erfinder der Mineraldünger. Er formulierte das Gesetz vom Minimum.
a) Informiere dich über Liebigs Düngerversuche. Welche Konsequenzen leitete er für die Landwirtschaft ab?
b) Interpretiere das nebenstehende Foto und die Zeichnung von der Minimumtonne.

Die Abbildung zeigt ein Versuchsfeld: links ungedüngt, rechts gedüngt.

S | Experiment 1

Aufgabe:
Überprüfe die Wirkung von Mineraldüngern auf Pflanzen.

Vorbereitung:
Geräte und Chemikalien: Petrischalen, Watte, Kressesamen, verschiedene Mineraldünger
(Beachte Gefahrstoffhinweise!)

Durchführung:
1. Säe in mehreren Petrischalen Kressesamen auf feuchter Watte aus. Lass sie keimen.
2. Befeuchte eine Probe nur mit destilliertem Wasser, die anderen Proben jeweils mit unterschiedlichen Düngerlösungen.

Beobachtung und Auswertung:
Notiere und erkläre deine Beobachtungen.

Überdüngung hat negative Folgen für die Umwelt. Ein Zuviel kann sich aber auch direkt auf die Pflanzen auswirken.

S | Experiment 2

Aufgabe:
Mische unter Beachtung der Gefahrstoffhinweise eine konzentrierte Düngemittellösung an und stelle in diese Lösung ein Salatblatt ein. Betrachte das Blatt in Abständen von 30 Minuten.

Führe Protokoll und finde eine Erklärung für die Beobachtung.

So kannst du vorgehen

Erklären

Häufig bekommst du komplizierte Aufgabenstellungen:
Erkläre, warum Überdüngung in Gewässernähe zu einer schlechteren Wasserqualität des Gewässers führen kann.

▶ Schritt 1

Stelle den Sachverhalt dar, der erklärt werden soll.

Begrenze dich auf wesentliche Punkte.
Durch Überdüngung gelangen u. a. Nitrat-Ionen in das Gewässer. Letztendlich kann es dadurch zu einem Sauerstoffmangel im Gewässer und zur Verschlechterung der Wasserqualität kommen.

▶ Schritt 2

Suche Gesetze und Modelle auf.

Suche solche Gesetze und Modelle, die mit dem Sachverhalt in Zusammenhang stehen.
– *Minimumgesetz: Der Mangel an Nitrat-Ionen und Phoshat-Ionen begrenzt normalerweise das Wachstum von Algen.*
– *Stoffkreislauf im Gewässer: Der Abbau von organischer Substanz verbraucht Sauerstoff.*
– *Die Dichteanomalie des Wassers bewirkt im Sommer eine Schichtung tiefer Gewässer.*

▶ Schritt 3

Führe den Sachverhalt auf Gesetze und Modelle zurück.

Formuliere deine Aussagen zusammenhängend und geordnet. Stelle den Zusammenhang zwischen den Gesetzen und Modellen sowie dem Sachverhalt dar.

Der Eintrag von stickstoff- und phosphorhaltigen Düngemitteln führt zu einem starken Algenwachstum.
Algen (Produzenten) bilden die Nahrungsgrundlage für die Konsumenten im Gewässer. Auch ihre Anzahl steigt durch das hohe Nahrungsangebot. Sterben die Lebewesen ab, sinken sie zu Boden und werden von Mikroorganismen (Destruenten) abgebaut.
Normalerweise bilden diese aus dem organischen Material wieder anorganische Stoffe. Dabei verbrauchen sie Sauerstoff. Es kommt zu einem Sauerstoffmangel am Boden.
Im Sommer kann sich das sauerstoffarme Wasser am Boden nicht mit dem sauerstoffreichen Wasser an der Oberfläche vermischen. Durch die Anomalie des Wassers haben sich Wasserschichten herausgebildet.
Unter Sauerstoffmangel wirken andere Bakterien am Abbau mit. Faulschlamm entsteht, giftige Gase werden gebildet. Die Gewässerqualität verschlechtert sich.

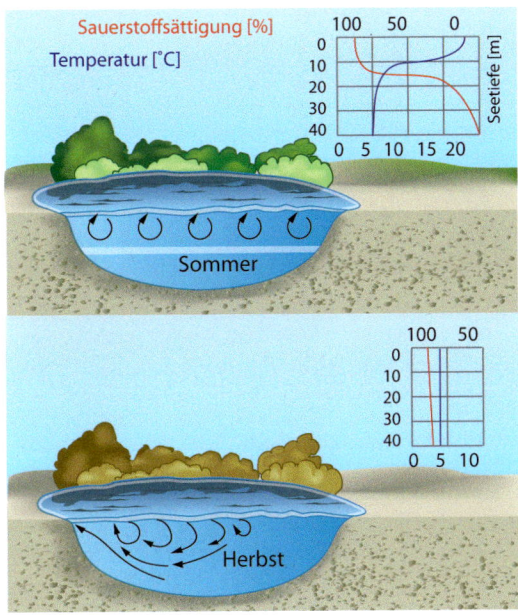

Chemisch-technische Verfahren

Vom Schwefel zur Schwefelsäure

Erstelle einen Steckbrief der Schwefelsäure. Recherchiere Eigenschaften, Bau und Verwendung.

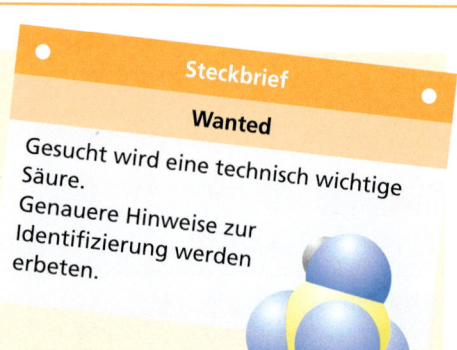

Steckbrief

Wanted

Gesucht wird eine technisch wichtige Säure.
Genauere Hinweise zur Identifizierung werden erbeten.

S | Erforsche es

Aufgabe:
Untersuche experimentell die Eigenschaften von verdünnter Schwefelsäure (10%ig – GHS05, E2).
– Prüfe mit Universalindikator.
– Teste die Wirkung auf Kalk.
– Teste die Wirkung auf unedle Metalle und Kupfer.

Führe Protokoll.
Werte deine Ergebnisse aus. Erläutere dazu deine Beobachtungsergebnisse unter Nutzung der chemischen Zeichensprache.

Die Jahresproduktion von Schwefelsäure beträgt 150 Mio. Tonnen.
Die technische Herstellung der Säure erfolgt in drei Schritten:

1. Oxidation des Schwefels
Zuerst wird Schwefeldioxid hergestellt, entweder durch die Oxidation von Schwefel oder durch das Rösten von schwefelhaltigen Erzen.

2. Katalytische Oxidation von Schwefeldioxid
In einem zweiten Schritt erfolgt die Reaktion von Schwefeldioxid zu Schwefeltrioxid.

$$2\,SO_2 + O_2 \rightleftharpoons 2\,SO_3$$

Dabei ist es besonders wichtig, geeignete Reaktionsbedingungen einzuhalten, denn die **Ausgangsstoffe setzen sich nicht vollständig um.** Ein Teil des Schwefeltrioxids zerfällt sofort wieder in seine Ausgangsstoffe. Hinreaktion und Rückreaktion laufen gleichzeitig ab.

Diese Reaktion wird im Kontaktofen durch Vanadium(V)-oxid katalysiert. Die Reaktion findet bei 420 °C statt, da der Katalysator unterhalb dieser Temperatur nicht wirksam ist.

Bei dieser Temperatur sinkt allerdings die Ausbeute, da hohe Temperaturen den Zerfall von Schwefeltrioxid begünstigen.

Aus diesem Grund wird das Reaktionsgemisch beim Verlassen des Kontaktofens gekühlt. Dies erfolgt in Wärmetauschern.

3. Herstellung der Schwefelsäure

In einem dritten Schritt reagiert das Schwefeltrioxid weiter zur Schwefelsäure. Die Reaktion mit Wasser ist aber zu stark exotherm und würde zu großen Verlusten führen.

Daher wird als Lösungsmittel konzentrierte Schwefelsäure verwendet. Die warme Schwefelsäure rieselt in dem Absorber von oben nach unten. Dabei entsteht **Dischwefelsäure ($H_2S_2O_7$)**, die anschließend mit Wasser zur Schwefelsäure reagiert. Dabei wird eine 98%ige Säure hergestellt.

$$SO_3 + H_2SO_4 \longrightarrow H_2S_2O_7$$

$$H_2S_2O_7 + H_2O \longrightarrow 2\,H_2SO_4$$

Anschließend wird das nicht umgesetzte Schwefeldioxid erneut erhitzt und in einem nachgeschalteten zweiten Kontaktofen noch einmal zur Reaktion gebracht. Das Verfahren wird daher als **Doppel-Kontaktverfahren** bezeichnet.

Durch diese Prozessführung ist eine höhere Ausbeute der Ausgangsstoffe möglich. Das Schwefeltrioxid wird zu 99,5 % umgesetzt. Dadurch wird das Verfahren ökonomisch.

> Durch die Wahl geeigneter Reaktionsbedingungen wird die großtechnische Herstellung der Schwefelsäure ermöglicht und ökonomisch gestaltet.

Schwefeltrioxid

Eigenschaften:
farblose, stark ätzende Flüssigkeit, unter 17 °C eisartige Masse, giftig, in Wasser löslich, hygroskopisch, bildet an der Luft weiße Nebel
Dichte: 2,75 g/ l
Schmelztemperatur: 17 °C
Siedetemperatur: 45 °C

Bau:
Moleküle aus 1 Schwefelatom und 3 Sauerstoffatomen

Formel: SO_3

Aufgaben

1 — Fasse die wesentlichen drei Prozesse bei der Schwefelsäureproduktion mit eigenen Worten kurz zusammen.

2 — Die allgemeine Wortgleichung zur Bildung von sauren Lösungen lautet:

Nichtmetalloxid + Wasser $\longrightarrow$
Säurelösung

Gib an, warum Schwefeltrioxid in den Absorbern trotzdem nicht mit Wasser zur Reaktion gebracht wird. ➕

3 — Bei der Prozessführung zur Herstellung der Schwefelsäure erfolgt ein stofflicher und thermischer Gegenstrom. Erläutere, was damit gemeint ist und welche Vorteile diese Prozessführung bringt. Nutze dazu auch die Grafik auf der Seite 104. ↗ S. 133

4 — Bei der Reaktion von Schwefeldioxid zu Schwefeltrioxid erfolgt kein vollständiger Stoffumsatz. Informiere dich über solche Reaktionen und ihre Beeinflussung auf der Seite 96.

Technische Herstellung von Schwefelsäure

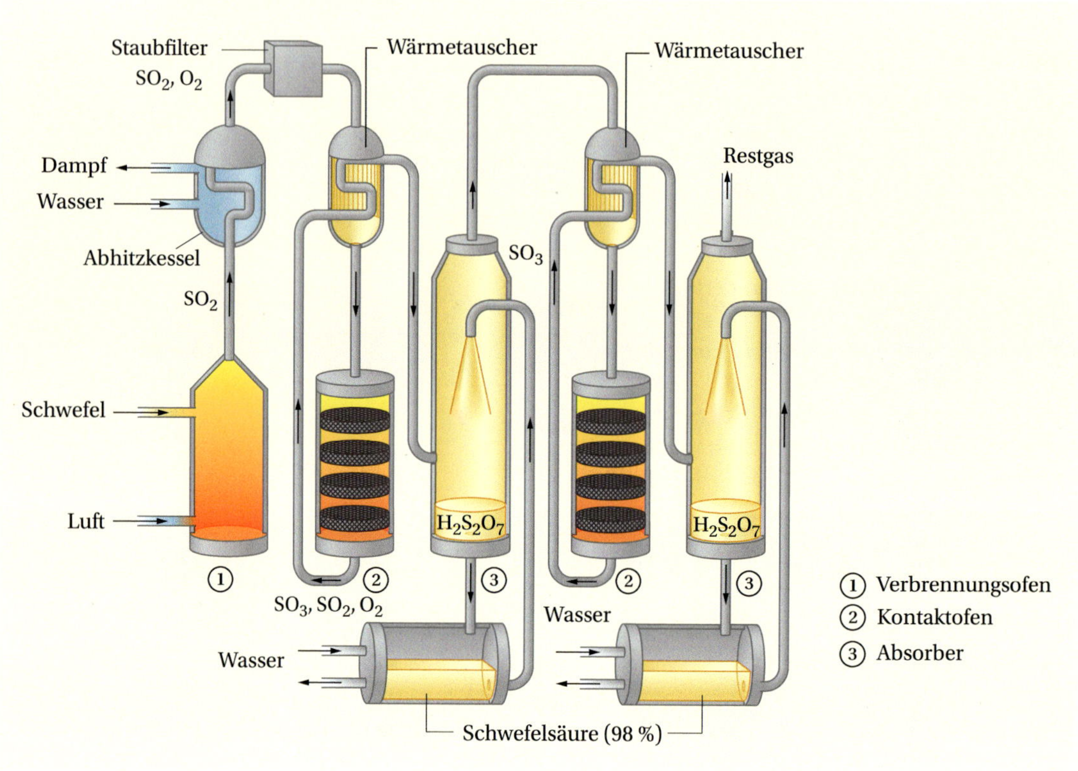

Staubfilter
SO$_2$, O$_2$

Wärmetauscher

Wärmetauscher

Dampf

Wasser

Restgas

Abhitzkessel

SO$_2$

SO$_3$

Schwefel

Luft

H$_2$S$_2$O$_7$

H$_2$S$_2$O$_7$

①   ②   ③   ②   ③

SO$_3$, SO$_2$, O$_2$

Wasser

Wasser

Wasser

① Verbrennungsofen
② Kontaktofen
③ Absorber

Schwefelsäure (98 %)

Chemisch-technisches Gerät	Verbrennungsofen ①	Kontaktofen ②	Absorber ③
Prozess	Bildung des Schwefeldioxids	Katalytische Oxidation zum Schwefeltrioxid	Reaktion zur Schwefelsäure
Reaktionsgleichung	$S + O_2 \longrightarrow SO_2$	$2\,SO_2 + O_2 \rightleftharpoons 2\,SO_3$	$H_2S_2O_7 + H_2O \longrightarrow 2\,H_2SO_4$

❚ Beschreibe die Herstellung der Schwefelsäure im Doppel-Kontaktverfahren. Nutze dazu die Grafik.

Technische Herstellung von Stahl

Als Stahl werden Eisenlegierungen bezeichnet, deren Kohlenstoffgehalt geringer als 1,7 % ist. Zur Herstellung von Stahl werden aus dem Roheisen durch Oxidation Begleitelemente entfernt und so u. a. der Kohlenstoffgehalt reduziert.

	im Konverter	im Elektroofen
Ausgangsstoffe	flüssiges Roheisen (Kohlenstoffanteil > 1,7 %) Sauerstoff (als Oxidationsmittel für die Begleitelemente im Roheisen)	Roheisen (Kohlenstoffanteil > 1,7 %) Schrott
Reaktionsprodukte	Stahl Schlacke gasförmige Oxide	Stahl Schlacke gasförmige Oxide
chemische Reaktionen	Oxidation der Beimengungen des Roheisens, z. B. $$C + O_2 \longrightarrow CO_2 \quad \} \text{ gasförmige}$$ $$S + O_2 \longrightarrow SO_2 \quad \} \text{ Oxide}$$ $$Si + O_2 \longrightarrow SiO_2 \quad \}$$ $$4\,P + 5\,O_2 \longrightarrow 2\,P_2O_5 \quad \} \text{ Schlacke}$$	Beimengungen des Roheisens reduzieren den Schrott und werden selbst oxidiert.
Reaktionsapparat		
Arbeitsprinzipien	diskontinuierlich	diskontinuierlich

Konverter (Beschriftungen): Sauerstoff-Blaslanze, Abstichöffnung, Konvertergefäß, Schlacke, Schmelze, feuerfeste Ausmauerung

Elektroofen (Beschriftungen): Kohleelektroden, Schlacke, Schmelze

105

Technische Herstellung von Branntkalk – Kalkbrennen

Reaktionsprodukte:
Branntkalk CaO (Calciumoxid)
Verwendung als Düngemittel; als Zuschlag beim Erschmelzen von Metallen; bei der Sodaherstellung; zur Herstellung von Mörtel, Zement, Calciumcarbid, Glas, Zucker
Kohlenstoffdioxid CO$_2$

Ausgangsstoffe:
Kalkstein CaCO$_3$ (Calciumcarbonat)
Koks zum Erreichen der erforderlichen Brenntemperatur (ca. 1 000 °C)

Chemische Reaktion:

$$CaCO_3 \xrightarrow{1000\,°C} CaO + CO_2$$

$$Q = +\,177{,}8\ \text{kJ/mol}$$

Reaktionsapparat: Kalkschachtofen

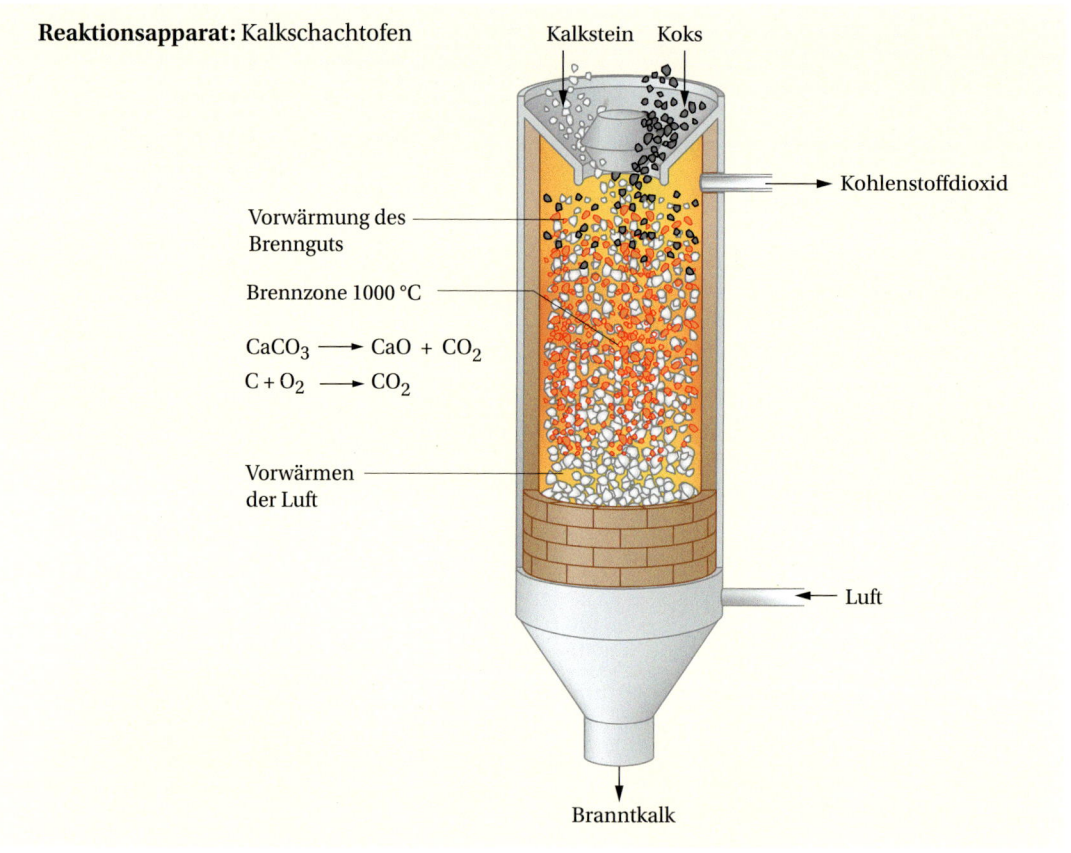

Kalkstein   Koks

Kohlenstoffdioxid

Vorwärmung des Brennguts

Brennzone 1000 °C

$$CaCO_3 \longrightarrow CaO + CO_2$$
$$C + O_2 \longrightarrow CO_2$$

Vorwärmen der Luft

Luft

Branntkalk

Arbeitsprinzipien:
– kontinuierliche Arbeitsweise
– direkte Wärmeerzeugung durch Reaktion von Koks mit Luft im Ofen (Kopplung der exothermen Reaktion der Koksverbrennung mit der endothermen Reaktion des Kalkbrennens)

– Gegenstromprinzip: Das heiße Kohlenstoffdioxid wärmt die Ausgangsstoffe vor.
– Bei neuen Öfen wird die Temperatur durch Erdöl/Erdgasbrenner erreicht.

Löse mit Köpfchen

1. Vom Stickstoff zum Ammoniumnitrat

Erläutere das folgende Schema in einem Schülervortrag. Ergänze wichtige Reaktionsgleichungen.

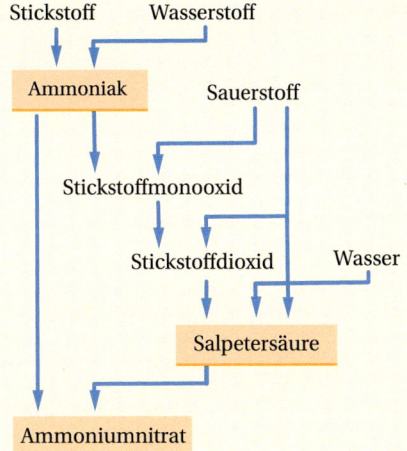

2. Tabellen interpretieren

a) Gib an, unter welchen Bedingungen die Ausbeute an Ammoniak am größten ist (Angaben in Vol.-%). Nutze die Tabelle unten.

b) Erkläre, warum diese optimalen Bedingungen in der Technik nicht eingehalten werden. ↗ S. 101

3. Vorteile des Gegenstroms

Erkläre das Prinzip des Wärmeaustauschs durch Gegenstrom am Beispiel des Kontaktverfahrens zur Herstellung von Schwefeltrioxid. ↗ S. 101

4. Katalysator in Aktion

Die Oxidation von Schwefeldioxid zu Schwefeltrioxid läuft nur unter Einfluss eines Katalysators ab.
Erläutere die Wirkungsweise eines Katalysators an diesem Beispiel. ↗ S. 133

5. Wie viel Ammoniak entsteht?

Berechne das Volumen Ammoniak, das entsteht, wenn 2 m^3 Stickstoff mit dem entsprechenden Volumen Wasserstoff reagieren (die Ausbeute liegt bei 19 %).

6. Herstellung von Stahl

a) Erläutere ein Verfahren zur Herstellung von Stahl.

b) Vergleiche Roheisen und Stahl.

c) Erläutere, warum die Temperatur der Schmelze im Konverter (LD-Verfahren) während des Prozesses von ca. 1 250 °C auf 1 600 °C steigt.

d) Im Elektroofen wird Eisenschrott recycelt. Erkläre, warum dies möglich ist.

Temperatur \\ Druck	100 bar		300 bar		600 bar	
	N_2/H_2	NH_3	N_2/H_2	NH_3	N_2/H_2	NH_3
200 °C	18,5	81,5	10	90	5	95
300 °C	48	52	29	71	16	84
400 °C	75	25	52	47	35	65
500 °C	89	11	73	27	58	42
600 °C	95	5	86	14	77	23

107

Chemie und Umwelt

Chemie in der Diskussion

Chemische Prozesse und Produkte gehören zum Alltag. Gib mindestens fünf Beispiele an.

Bei chemischen Prozessen und Produkten denkt man schnell an verschmutzte Flüsse und Schadstoffe in Luft und Boden, Allergie oder Krebs auslösende Stoffe in Lebensmitteln oder an umstrittene Chemikalien in Möbeln.

Wer aber denkt über den heute jugendlich wirkenden, aktiven und sportlichen vierzigjährigen Durchschnittseuropäer nach? Wenige Hundert Jahre zuvor wäre er grauhaarig, oft zahnlos, sehschwach, mangelernährt und viel ungepflegter gewesen, falls er mit 40 Jahren überhaupt noch am Leben wäre.

Artikel für die Körperhygiene und -pflege waren nicht für jeden zugänglich. Medikamente mit antibakteriellen und antiviralen Wirkstoffen gab es nicht. Viele medizinische Hilfsmittel, wie zahnerhaltene Kunststoffe, waren noch nicht erfunden. Eine ausgewogene Ernährung war wegen fehlender Düngemittel oftmals viel zu teuer und nicht zu realisieren.

Das für uns so selbstverständliche komfortable und lange Leben ist nur möglich durch Chemie.

Abgesehen von den künstlichen Synthesen und chemischen Reaktionen für die Herstellung der genannten und vieler weiterer Produkte ist jedoch unser Körper selbst eine „Chemiefabrik". Kein Leben wäre möglich ohne all die biochemischen Reaktionen, die in jedem Organismus ablaufen.

Wohin man auch in der Natur und in der Technik sieht: Chemie ist überall.

Interpretiere das Foto.

Aufgaben

1 — Bewerte folgende Aussage: Ohne chemische Prozesse könnten wir gar nicht leben. ↗ S. 109

2 — Nenne zwei biochemische Reaktionen.

3 — Gib die Reaktionsgleichungen für mindestens zwei chemische Reaktionen an, die in der unbelebten Natur ablaufen.

So kannst du vorgehen

Bewerten

Beim Bewerten schätzt du den Wahrheitsgehalt ein oder erarbeitest dir einen eigenen Standpunkt bzw. stellst gegenteilige Argumente gegenüber und wägst sie ab. Auch wenn du deine eigene Meinung darlegst, sollte sie sachlich begründet sein.

Bewerte den Einsatz von Düngemitteln in der landwirtschaftlichen Produktion.

▶ Schritt 1
Präzisiere die Anforderung.
Überlege dir, welcher Sachverhalt bewertet werden soll und welche fachlichen Inhalte davon berührt werden.
Argumente für und gegen den Einsatz von Düngemitteln

▶ Schritt 2
Stelle Fachwissen bereit.
– *Pflanzen ernähren sich autotroph, Aufnahme anorganischer Stoffe, u. a. Mineralsalze aus dem Boden.*
– *Gesetz vom Minimum*
– *Überdünung führt zur Umweltverschmutzung, u. a. werden aquatische Ökosysteme beeinträchtigt.*
– *Stoffkreislauf in der Natur: „Recycling" organischer Abfälle durch Destruenten – Stoffe gehen nicht verloren, sondern werden ineinander umgewandelt.*

▶ Schritt 3
Sammle Material.
Sammle Fakten und Argumente, die für die Bewertung des Sachverhalts wichtig sind (z. B. positive und negative Aspekte).

Pro	Kontra
Die Anzahl der Menschen, die ernährt werden muss, steigt. Die landwirtschaftliche Nutzfläche wird nicht größer.	*Es werden immer noch große Mengen an Lebensmitteln weggeworfen. Damit könnten viele Menschen ernährt werden.*
Düngung ersetzt die Stoffe, die dem Kreislauf durch die Ernten entzogen werden.	*Durch falschen Einsatz werden die Böden überdüngt. Düngemittel gelangen in das Grundwasser und in Seen.*
Das Wachstum von Pflanzen wird durch den Stoff begrenzt, der am wenigsten vorhanden ist. Der Einsatz von Düngemittel führt zur Ertragssteigerung.	*In Gewässern führen die ausgeschwemmten Düngemittel zu starkem Algenwachstum. Die Ökosysteme werden beeinträchtigt.*

▶ Schritt 4
Finde geeignete Bewertungskriterien.
Ernährung der Menschen und Umweltaspekte

▶ Schritt 5
Leite dein Werturteil ab.
Ohne Einsatz von Düngemitteln können nicht alle Menschen ausreichend ernährt werden, denn dem Boden müssen die entzogenen Stoffe wieder zugeführt werden.
Der Bedarf muss jedoch genau ermittelt und der Einsatz fachgerecht erfolgen.

Chemie und Umwelt

Biochemische Reaktionen

Hast du schon einmal gezielt Traubenzucker gegessen, um im Sport oder bei Prüfungen nicht zu „schwächeln".
Erläutere, wozu der Traubenzucker im Körper dient.

Unzählige biochemische Reaktionen laufen in jedem Organismus ab, angefangen von der kleinsten Bakterie bis zum Menschen. Findet kein Stoff- und Energiewechsel mehr statt, stirbt das Lebewesen.

Alle Lebewesen benötigen für Lebensprozesse Energie, z. B. für Bewegungen, für das Wachstum und vieles mehr. Ein wesentlicher Stoffwechselprozess, der der Energiefreisetzung dient, ist die **Zellatmung (biologische Oxidation).**

Dabei werden organische Stoffe abgebaut. Als Energieträger dient meist Traubenzucker, der unter Sauerstoffverbrauch zu Kohlenstoffdioxid und Wasser umgesetzt wird. Chemische Energie wird dabei in nutzbare Energie und Wärme umgewandelt.

Dieser Stoffwechselprozess ist an bestimmte Zellstrukturen gebunden und findet bei höheren Lebewesen in den Mitochondrien statt.

Im Gegensatz zu Bakterien gewinnen Pflanzen, Tiere und der Mensch die benötigte Energie hauptsächlich über die Zellatmung. Ohne diesen Stoffwechselprozess könnte keiner dieser Organismen überleben.

Die nötigen organischen Ausgangsstoffe für ihren Stoffwechsel müssen Tiere und der Mensch mit der Nahrung aufnehmen.

Im Gegensatz dazu stellen grüne Pflanzen organische Stoffe unter Nutzung der Sonnenenergie aus anorganischen Stoffen her. Der zentrale Stoffwechselprozess ist dabei die Fotosynthese. Sie findet bei höheren Organismen am Chlorophyll in den Chloroplasten statt.
Bei dem Prozess entstehen aus Kohlenstoffdioxid und Wasser Traubenzucker (Glucose) und Sauerstoff.

> Die Zellatmung verläuft exotherm.

Stoffwechselprozess Zellatmung (biologische Oxidation)

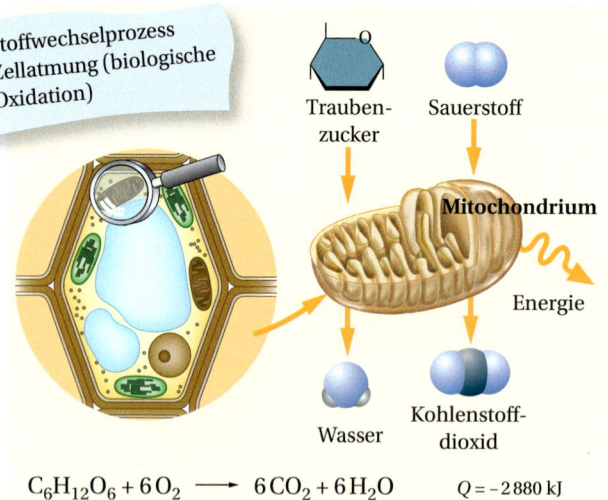

Trauben-zucker

Sauerstoff

Mitochondrium

Energie

Wasser

Kohlenstoff-dioxid

$$C_6H_{12}O_6 + 6\,O_2 \longrightarrow 6\,CO_2 + 6\,H_2O \qquad Q = -2\,880 \text{ kJ}$$

Erläutere, wie bei höheren Lebewesen die Energie für alle Lebensprozesse gewonnen wird.

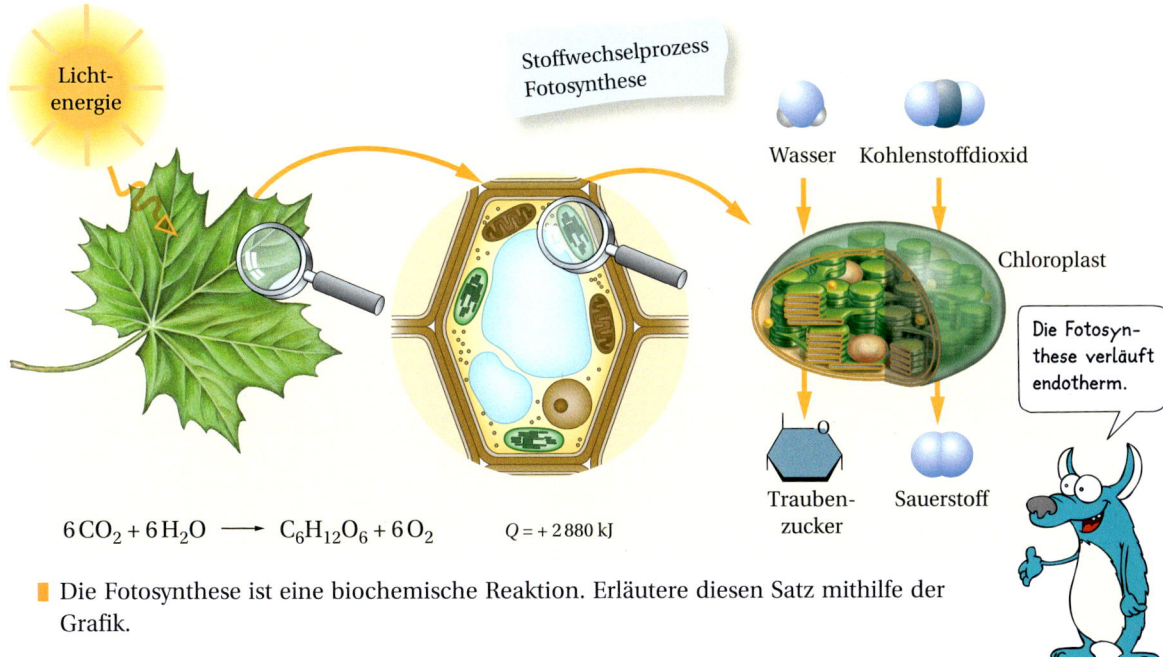

Stoffwechselprozess Fotosynthese

Licht-energie

Wasser   Kohlenstoffdioxid

Chloroplast

Die Fotosyn-these verläuft endotherm.

Trauben-zucker   Sauerstoff

$$6\,CO_2 + 6\,H_2O \longrightarrow C_6H_{12}O_6 + 6\,O_2 \qquad Q = +2\,880\ kJ$$

Die Fotosynthese ist eine biochemische Reaktion. Erläutere diesen Satz mithilfe der Grafik.

Die chemische Energie von Glucose ist größer als die der Ausgangsstoffe. Es handelt sich um einen endothermen Prozess. Lichtenergie wird umgewandelt und letztendlich als chemische Energie im Traubenzucker gespeichert. Der Traubenzucker bildet die Basis für den weiteren Stoffwechsel. Er wird in Stärke umgewandelt, gespeichert und stellt so eine wichtige Energiereserve dar. Außerdem dient Traubenzucker als Grundlage für die Herstellung aller weiteren körpereigenen Stoffe.
Da grüne Pflanzen und Algen (autotrophe Organismen) in vielen Nahrungsketten an erster Stelle stehen, bildet die Fotosynthese auch eine wesentliche Nahrungsgrundlage für die meisten heterotrophen Organismen.

Zellatmung und Fotosynthese sind wichtige biochemische Stoffwechselprozesse. Sie bilden eine wesentliche Grundlage für das heutige Leben auf der Erde.

Aufgaben

1 Vergleiche die Ernährungsweisen von grünen Pflanzen (autotrophen Organismen) und Tieren (heterotrophen Organismen). ↗ S. 133

2 Vergleiche die Stoffwechselprozesse, die der Energiefreisetzung dienen, bei grünen Pflanzen und bei Tieren. ↗ S. 133

3 Erläutere am Beispiel der Fotosynthese bzw. der Zellatmung die Begriffe endotherme bzw. exotherme Reaktion. ↗ S. 133

4 Stelle eine Nahrungskette auf. Erkläre, warum meist Pflanzen an erster Stelle in Nahrungsketten stehen. ↗ S. 101

5 Erläutere den Stoffkreislauf und den Energiefluss in einem Ökosystem deiner Wahl. Benutze dazu die Begriffe Produzenten (Erzeuger), Konsumenten (Verbraucher) und Destruenten (Zersetzer). ✚

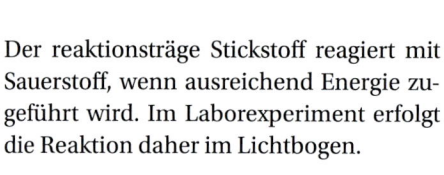

Chemie und Umwelt

Schadstoffe in der Luft

Sauerstoff reagiert mit Stickstoff.
Leite eine notwendige Bedingung für die Reaktion ab.

Der reaktionsträge Stickstoff reagiert mit Sauerstoff, wenn ausreichend Energie zugeführt wird. Im Laborexperiment erfolgt die Reaktion daher im Lichtbogen.

Stickstoff bildet mehrere Oxide. Die technisch bedeutsamsten sind **Stickstoffmonooxid (NO)** und **Stickstoffdioxid (NO$_2$).**

$$N_2 + O_2 \rightleftharpoons 2\,NO$$

$$2\,NO + O_2 \rightleftharpoons 2\,NO_2$$

In der Natur entstehen Stickstoffoxide beispielsweise während eines Gewitters unter dem Einfluss von Blitzen.

> Stickstoffoxide werden oft als Stickoxide oder im Gemisch als NO$_x$ bezeichnet.

Die gleichen Stickstoffoxide bilden sich auch bei Verbrennungsprozessen in Automotoren oder in Kraftwerken.
Zwar werden die Abgase durch moderne Filter oder Abgaskatalysatoren gereinigt. Dennoch gelangen jährlich in Deutschland über eine Million Tonnen der giftigen Stickstoffoxide in die Atmosphäre.

Steckbrief
Stickstoffmonooxid NO

Eigenschaften:
farbloses Gas, starkes Atemgift, nur wenig in Wasser löslich
Dichte: 1,25 g/cm^{-3} (15 °C)
Schmelztemperatur: −164 °C
Siedetemperatur: −152 °C

Bau:
Molekülsubstanz
(polare Atombindung)

Steckbrief
Stickstoffdioxid NO$_2$

Eigenschaften:
braunes, charakteristisch riechendes Gas, starkes Atemgift, gut in Wasser löslich
Dichte: 1,49 g/cm^{-3} (25 °C)
Schmelztemperatur: −11 °C
Siedetemperatur: −21 °C

Bau:
Molekülsubstanz
(polare Atombindungen)

Gesetzliche Vorgaben für Stickstoffoxide	Grenzwert
Jahresmittelwert in der Europäischen Union	$40\,\mu g\,NO_2$ pro m^3 Luft
Höchstwert, der nur 18-mal pro Jahr überschritten werden darf	$200\,\mu g\,NO_2$ pro m^3 Luft
NO_x-Gehalt in Abgasen von Kraftwerken	$100\,mg\,NO_x$ pro m^3 Abgas
EU-Abgasnorm Stufe 5 für Dieselmotoren	$180\,mg\,NO_x$ pro km

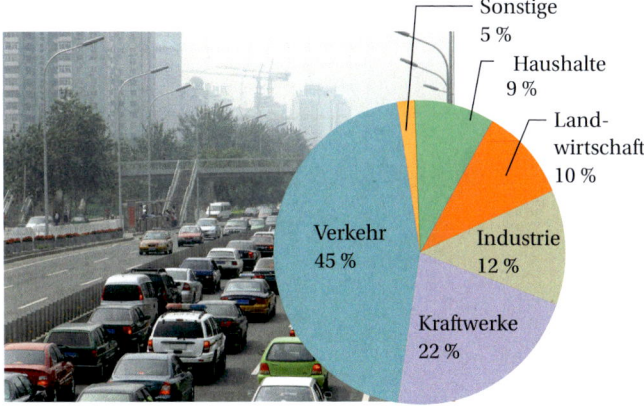

■ Wichtige Quellen von Stickstoffoxiden in Deutschland 2009 (Statistik des Bundesumweltministeriums 2011)

Stickstoffdioxid wirkt selbst ätzend und trägt besonders im Sommer zur Bildung von **Ozon** bei. Die Luftschadstoffe reizen die Atemwege und die Augen. Ozon stört zudem den Sauerstofftransport im Blut. Das Gemisch von Ozon und anderen Luftschadstoffen wird als **Sommersmog** bezeichnet. Bei Ozongehalten von mehr als $180\,\mu g$ Ozon pro m^3 Luft geben die Behörden Ozonwarnungen aus.

In der Europäischen Union gelten auch für den NO_x-Gehalt der Luft und von Abgasen strenge **Grenzwerte.** Zum Schutz unserer Gesundheit darf beispielsweise ein Spitzenwert von $200\,\mu g$ Stickstoffdioxid pro m^3 Luft maximal 18-mal im Jahr überschritten werden. Diese gesetzliche Vorgabe wird jedoch in vielen deutschen Ballungsgebieten kaum einzuhalten sein.

Allerdings kann jeder Einzelne zur Einhaltung der Grenzwerte beitragen: Je mehr Energie wir zu Hause einsparen, umso weniger Stickstoffoxide werden freigesetzt. Daher sollten wir sparsam mit dem Strom umgehen und kurze Wege zu Fuß oder mit dem Rad erledigen.

Aufgaben

1 — Lies dir noch einmal den Text auf den Seiten 112 und 113 durch. Formuliere einen Merksatz.

2 — Leite aus der Grafik oben eine begründete Schlussfolgerung ab. Sammelt in der Klasse eure Schlussfolgerungen und diskutiert sie.

3 — Begründe, warum Stickstoff und Sauerstoff bei Normbedingungen nicht miteinander reagieren. ↗ S. 132

4 — Startet in eurer Klasse eine Umfrage:
  – Wie viele Autos, Motorräder bzw. Mopeds und wie viele Personen existieren in den einzelnen Haushalten?
  – Für welche Strecken kommen die Fahrzeuge zum Einsatz?
  – Wie viele Kilometer werden jährlich mit den vorhandenen Fahrzeugen zurückgelegt?
  – Welche alternativen Fortbewegungsmöglichkeiten werden genutzt?
Wertet die Ergebnisse eurer Umfrage gemeinsam aus.

⊕ Wusstest du schon …

Dicke Luft durch Stickstoffoxide

Stickstoffoxide (hauptsächlich Stickstoffmonooxid und Stickstoffdioxid) entstehen u. a. durch Verbrennungen in Benzinmotoren.

Gemische aus diesen beiden Oxiden wirken als starke Atemgifte. Nach dem Einatmen dieser Gase werden Nasen-, Rachen- und Augenschleimhäute gereizt. Bei höherer Konzentration können Lungenödeme hervorgerufen werden.

In der Atmosphäre reagieren sie mit Luftfeuchtigkeit zu sauren Lösungen. Salpetersäure ist u. a. Bestandteil des sauren Regens.

Die Stickstoffoxide sind außerdem nicht nur selbst Atemgifte, sondern tragen auch zur Ausbildung von Ozon bei. Insbesondere an Sonnentagen steigt deshalb in der Nähe von viel befahrenen Straßen die Ozonbelastung. Das kann dazu führen, dass Atembeschwerden auftreten.

Um ein verkehrsbedingtes Ansteigen des Anteils von solchen Stickstoffoxiden in der Luft zu vermeiden, werden u. a. Dreiwegekatalysatoren eingesetzt.

Unter dem Einfluss des Katalysators werden giftige Stoffe in ungiftige umgewandelt.

Allerdings bildet sich dabei u. a. Kohlenstoffdioxid, das ein wichtiges Treibhausgas ist. Schadstofffrei sind also die Abgase trotz Katalysator nicht.

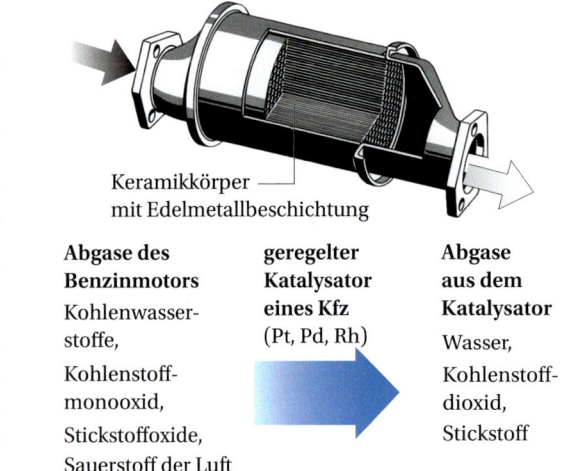

Keramikkörper
mit Edelmetallbeschichtung

Abgase des Benzinmotors	geregelter Katalysator eines Kfz (Pt, Pd, Rh)	Abgase aus dem Katalysator
Kohlenwasserstoffe, Kohlenstoffmonooxid, Stickstoffoxide, Sauerstoff der Luft		Wasser, Kohlenstoffdioxid, Stickstoff

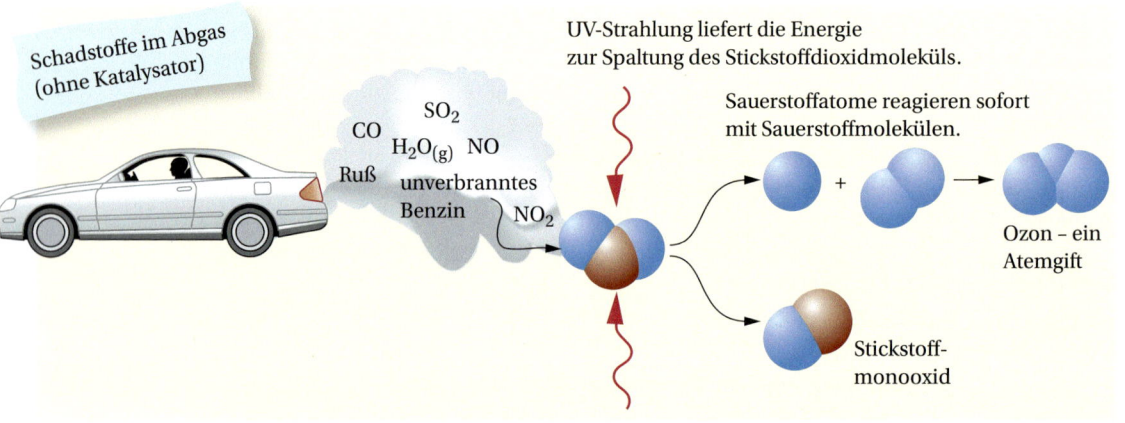

Schadstoffe im Abgas (ohne Katalysator)

CO
SO₂
Ruß
H₂O₍g₎ NO
unverbranntes
Benzin
NO₂

UV-Strahlung liefert die Energie zur Spaltung des Stickstoffdioxidmoleküls.

Sauerstoffatome reagieren sofort mit Sauerstoffmolekülen.

Ozon – ein Atemgift

Stickstoffmonooxid

▌ Begründe unter Nutzung der beiden Grafiken die Notwendigkeit, Abgaskatalysatoren in Fahrzeuge einzubauen.

Abgasreinigung in Großfeuerungsanlagen

Ziel der Rauchgasreinigung ist es, insbesondere Schwefeldioxid aus den Abgasen von Verbrennungsanlagen zu entfernen. Beim **Additiv-Verfahren** wird das Schwefeldioxid am Entstehungsort, der Kohlenbrennkammer, gebunden – daher die Bezeichnung Direktentschwefelung. Trockenes Kalksteinmehl oder trockenes Calciumhydroxidpulver wird entweder der Kohle beigemischt oder mit der Verbrennungsluft in die Brennkammer eingeblasen. Bei den hohen Temperaturen in der Brennkammer werden der Kalkstein bzw. das Kalkhydrat (Calciumhydroxid) thermisch gespalten.

Das entstehende Calciumoxid reagiert mit dem Schwefeldioxid, das bei der Verbrennung der Kohle entsteht, und bildet Calciumsulfit. Dieses wird durch den Luftsauerstoff zu Calciumsulfat (Gips) umgesetzt:

$$CaO + SO_2 \longrightarrow CaSO_3$$
$$2\,CaSO_3 + O_2 \longrightarrow 2\,CaSO_4$$

Weitere Verfahren unterscheiden sich durch den Einsatz verschiedener Ausgangsstoffe als Absorptionsmittel: So werden u. a. auch eine Calciumhydroxidaufschlämmung oder eine Natritumsulfitlösung eingesetzt.

Neben dem Schwefeldioxid sind die Stickstoffoxide wesentliche Luftschadstoffe.

Das **DESONOX-Verfahren** ist eine kombinierte Rauchgasreinigungstechnik, mit der sowohl Schwefeldioxid als auch Oxide des Stickstoffs aus den Abgasen entfernt werden. Das geschieht in einer chemischen Reaktion mit Ammoniak und Sauerstoff, in der die Oxide des Stickstoffs in elementaren Stickstoff zurückgeführt werden.

$$4\,NO + 4\,NH_3 + O_2 \longrightarrow 4\,N_2 + 6\,H_2O$$
$$2\,NO_2 + 4\,NH_3 + O_2 \longrightarrow 3\,N_2 + 6\,H_2O$$

Das Schema zeigt eine Rauchgasreinigungsanlage, bei der verschiedene Aggregate kombiniert sind.

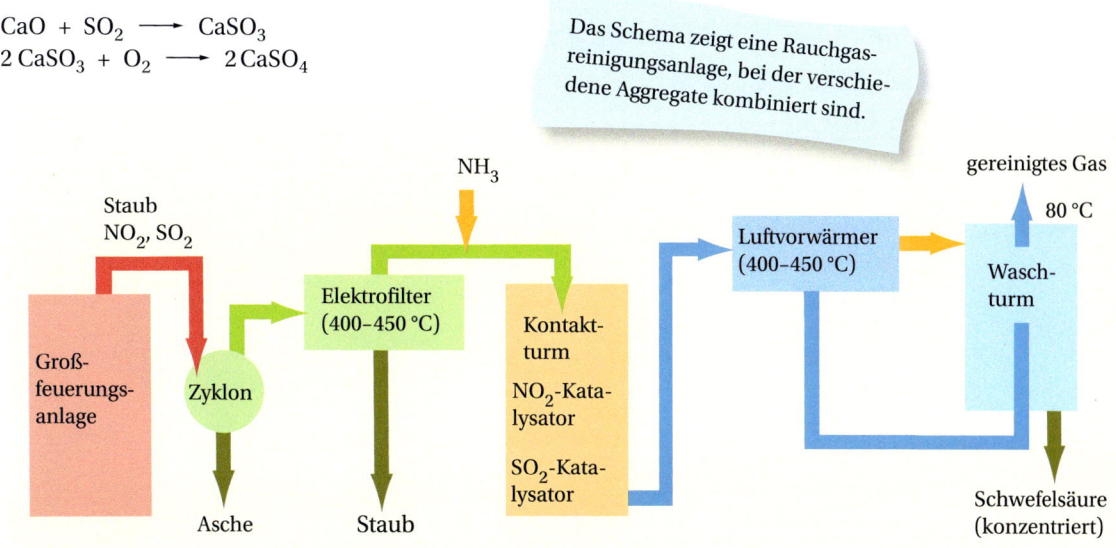

Chemie und Umwelt

CKW, FCKW und Halone – Ozonkiller aus der Dose?

Erläutere die Bedeutung der Ozonschicht für das Leben auf der Erde.

Zu den Halogenkohlenwasserstoffen gehören Chlorkohlenwasserstoffe – CKW (besitzen Chloratome in den Molekülen), Fluorchlorkohlenwasserstoffe – FCKW (besitzen Chlor- und Fluoratome in den Molekülen) und Halone (besitzen auch Bromatome in den Molekülen).

Die Eigenschaften dieser organischen Verbindungen sind ausgesprochen vielfältig. Es handelt sich oft um chemisch beständige Flüssigkeiten mit hervorragenden Lösemitteleigenschaften.
Aufgrund ihrer speziellen thermischen Eigenschaften wurden Halogenalkane früher in großem Umfang u. a. als Treibgase in Spraydosen und in der Kältetechnik eingesetzt.
Sie reagieren leichter mit anderen Stoffen als Alkane und sind darum besser als Synthesebausteine für viele organische Verbindungen geeignet.

Lange Zeit galten diese Verbindungen als ungiftig und ungefährlich. So wurde Chloroform früher in der Medizin als Narkosemittel eingesetzt. Heute weiß man, dass einige Halogenkohlenwasserstoffe giftig und krebserregend sind.

Ausgewählte Halogenalkane	
Bezeichnung/ Formel	Frühere Verwendung
Trichlormethan (Chloroform) $CHCl_3$	Lösemittel, früher Narkosemittel
Tetrachlormethan (Tetra) CCl_4	Lösemittel, chemische Reinigung von Textilien
Monochlorethan (Chlorethyl) C_2H_5Cl	Kältespray für örtliche Betäubung
Difluordichlormethan (Freon-12) CF_2Cl_2	Kältetechnik, Treibgas für Spraydosen
Dichlordiphenyltrichlorethan (DDT)	Insektizid

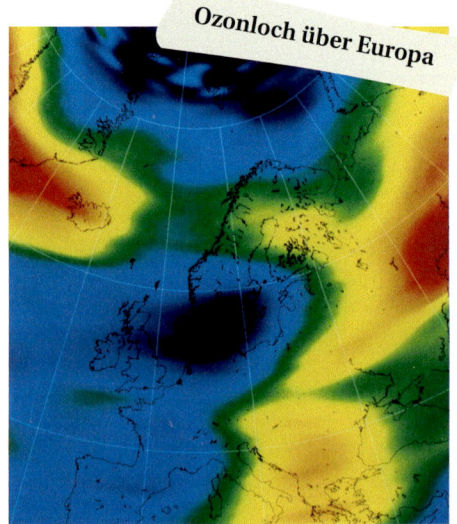

Ozonloch über Europa

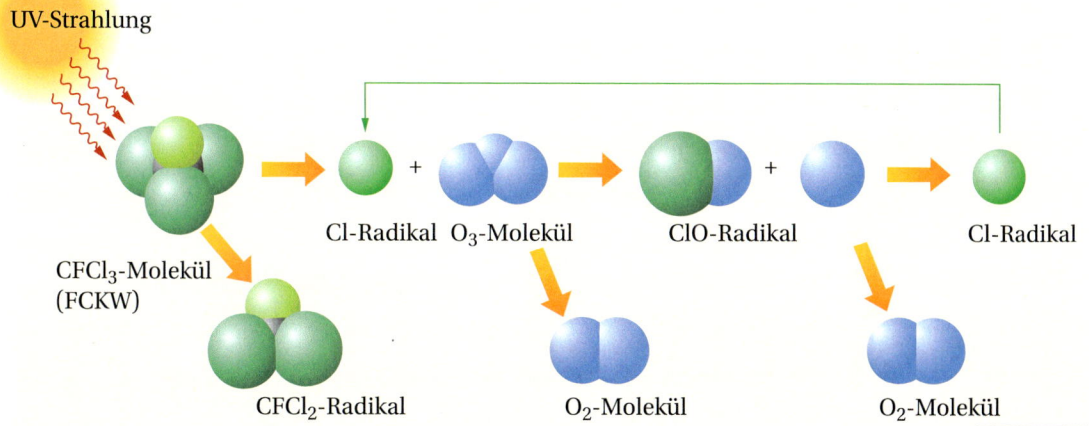

UV-Strahlung

CFCl$_3$-Molekül
(FCKW)

Cl-Radikal   O$_3$-Molekül

CFCl$_2$-Radikal

ClO-Radikal

O$_2$-Molekül

Cl-Radikal

O$_2$-Molekül

▌ Erläutere, warum ein FCKW-Molekül viele Ozonmoleküle abbauen kann.

> Radikale sind reaktive Teilchen mit ungepaarten Elektronen.

Außerdem besitzen sie ein hohes umweltschädigendes Potenzial. CKW und FCKW bilden durch die Lichteinstrahlung in der Ozonschicht Chlorradikale. Diese reagieren mit Ozon und führen zur Zerstörung der Ozonschicht. Die Ozonschicht in der Stratosphäre ist für das Leben auf der Erde lebensnotwendig, denn sie absorbiert energiereiche UV-Strahlung.
Nicht zuletzt wirken Halogenkohlenwasserstoffe in der Atmosphäre als Treibhausgase.

Wegen der vielen Probleme wurde weltweit versucht, geeignete Alternativen zu finden. In Deutschland wurde schon 1991 die FCKW- und Halon-Verbotsordnung beschlossen, die den schrittweisen Ausstieg aus der Verwendung dieser Stoffe regelt.
Das 1997 in Kyoto verabschiedete Protokoll (2005 in Kraft getreten) und Vereinbarungen der Montrealer Klimakonferenz (2005) sorgten für eine weltweite Reduzierung von ozonschädigenden Substanzen und Treibhausgasen. Nach neuen Messungen sind diese Maßnahmen erfolgreich. Stimmen die Daten, ist die Gefahr gebannt. In ca. 30 Jahren wird sich die Ozonschicht wieder aufgebaut haben.

Aufgaben

1 __ Erläutere, welche Wirkung eine zu starke UV-Einstrahlung auf unsere Haut hat. Gib an, wie du dich schützen kannst. ⊜ ↗ S. 133

2 __ a) Interpretiere folgende Gleichung:

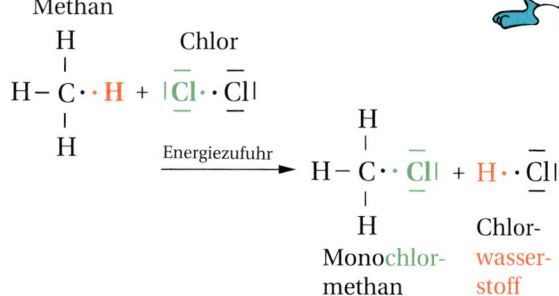

b) Stelle die Reaktionsgleichungen für die weitere schrittweise Reaktion mit Chlor auf. Benenne jeweils die Reaktionsprodukte. ⊕

3 __ Konstruiere mit dem Molekülbaukasten die Moleküle von drei Halogenalkanen.

So kannst du vorgehen

Arbeiten in Projekten

▶ Schritt 1

Sammelt Ideen und wählt euer Thema.

Alles, was zur Projektidee passt, wird in der Lerngruppe zusammengetragen.
Findet euch zu Projektteams von zwei bis vier Teammitgliedern zusammen.
Wählt aus der Fülle der Ideen das Projektthema aus, das für alle Teammitglieder spannend ist.

> **Tipps:**
> - Beim Projekt entscheidet ihr, was ihr bearbeitet.
> - Beim Sammeln von Ideen ist oft eine Mindmap hilfreich.
> - Die Arbeit am Projekt muss nicht im Unterricht stattfinden, sondern kann auch als Halbjahres- oder Jahresarbeit außerhalb der Schule durchgeführt werden.

▶ Schritt 2

Erstellt einen Arbeitsplan.

Stellt den Arbeitsplan für euer Team auf. Überlegt dazu:
- Welche Fragen möchtet ihr zu dem ausgewählten Projektthema beantworten?
- Wie kommt ihr an Informationen? Wen könnt ihr befragen? Welche Materialien/Medien könnt ihr nutzen?
- Möchtet ihr Experimente durchführen? Wenn ja, welche? Was benötigt ihr dafür?
- Wer ist für welche Aufgabenstellung verantwortlich?
- Welcher zeitliche Rahmen steht zur Verfügung?
- Wie wollt ihr die Ergebnisse darstellen?

Ausgangssituation für ein mögliches Projekt:

In der Gruppe wird über einen autofreien Tag diskutiert.
Die Meinungen prallen aufeinander.

▶ Schritt 3

Arbeitet am Projektthema.

Legt eine Materialsammlung an. Führt geplante Experimente durch. Befragt Experten, arbeitet mit Nachschlagewerken und surft im Internet. Diskutiert eure Ergebnisse. Wählt Wesentliches und Interessantes für die Präsentation aus.
Wenn Fragen bei der Arbeit auftreten, sucht euch geeignete Berater. Das können eure Lehrerin bzw. euer Lehrer sein, aber auch Freunde, außerschulische Experten oder eure Eltern.

▶ Schritt 4

Präsentiert eure Ergebnisse.

Mögliche Präsentationsformen sind Plakate, Wandzeitungen, PowerPoint-Präsentationen, Filme, Mappen, Bilder, Tondokumente, Theaterstücke usw.
Beachtet, dass sich Mitschülerinnen und Mitschüler der verschiedenen Teams mit anderen Fragestellungen beschäftigt haben. Baut eure Darstellung daher logisch auf. Nur so können andere die Versuche und Ergebnisse verstehen und die Erkenntnisse nachvollziehen.

Präsentieren von Ergebnissen

Präsentation mithilfe des Computers

Wenn du mit dem Computer arbeiten willst, so solltest du gefundenes Zahlenmaterial über ein Tabellenkalkulationsprogramm zusammenstellen und in Form von Diagrammen veranschaulichen.

Mit Präsentationsprogrammen kann man einen Vortrag mit Folien, die – mit einem Rechner und Beamer projiziert – sogar schrittweise entstehen können, optisch begleiten.

Anfertigen einer Wandzeitung

Wandzeitungen oder Poster fallen auf. Sie sind geeignet, sachliche Informationen, Versuchsergebnisse oder den Verlauf und die Ergebnisse eines Projekts darzustellen. Meist wählt man dafür den Fachraum oder den Schulflur. Damit man sofort erkennt, worum es geht, hier ein paar Tipps:

- Jede Wandzeitung hat eine Überschrift, die über den Inhalt informieren und Neugier beim Betrachter wecken soll.
- Verwende viele Abbildungen, einfache grafische Darstellungen und Skizzen, aber nur so viel Text wie nötig.
- Ordne die Inhalte übersichtlich an.
- Kennzeichne, was inhaltlich zusammengehört, mit gleichen Schriftarten, Farben und Formen. Achte jedoch darauf, dass die Wandzeitung nicht überladen wirkt.
- Nenne deine Informationsquellen.
- Teste die Lesbarkeit aus einer größeren Entfernung.

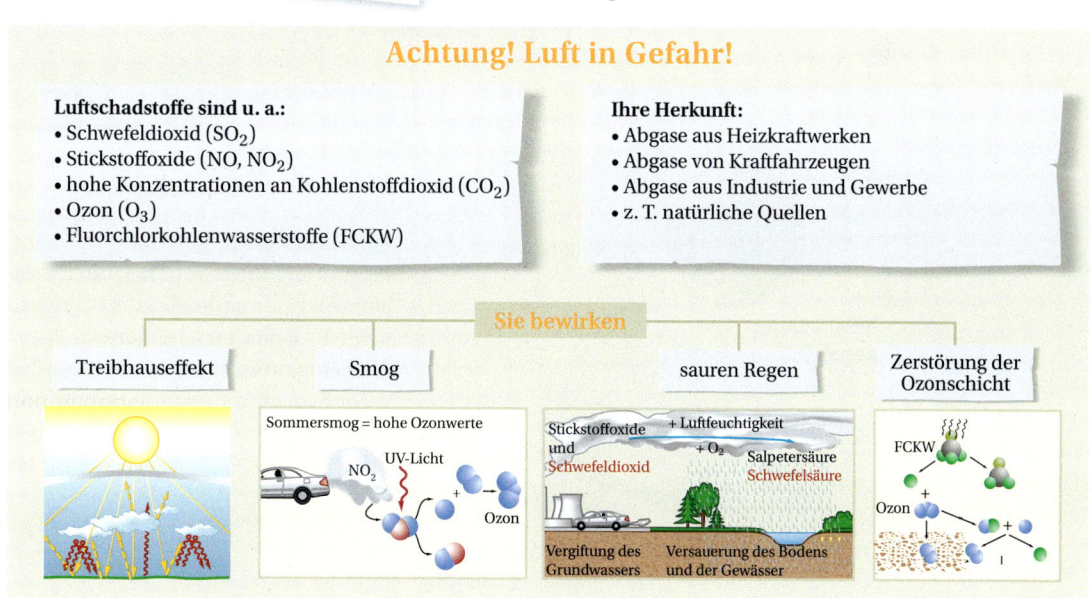

Achtung! Luft in Gefahr!

Luftschadstoffe sind u. a.:
- Schwefeldioxid (SO_2)
- Stickstoffoxide (NO, NO_2)
- hohe Konzentrationen an Kohlenstoffdioxid (CO_2)
- Ozon (O_3)
- Fluorchlorkohlenwasserstoffe (FCKW)

Ihre Herkunft:
- Abgase aus Heizkraftwerken
- Abgase von Kraftfahrzeugen
- Abgase aus Industrie und Gewerbe
- z. T. natürliche Quellen

Sie bewirken

Treibhauseffekt   Smog   sauren Regen   Zerstörung der Ozonschicht

Das hast du gelernt

Chemie und Umwelt

Chemische Reaktionen sind vielfältig und haben große Bedeutung

in der Natur, z. B.
- Fotosynthese
- Zellatmung

in der Technik, z. B.
- Ammoniaksynthese
- Entschwefelung von Rauchgasen

Chemische Produkte können helfen, globale Probleme zu lösen, sie können aber auch bei falschem oder gedankenlosem Einsatz Umweltprobleme bewirken.

Überdüngung

Nitratmangel

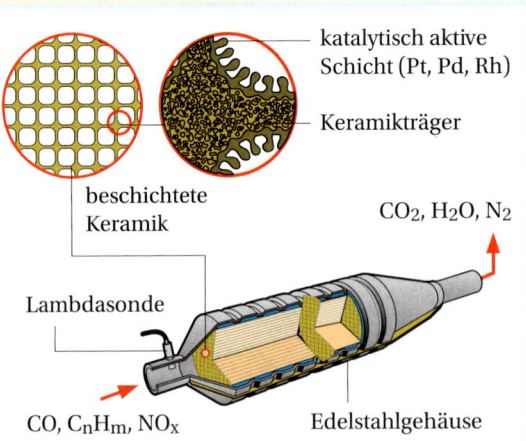

katalytisch aktive Schicht (Pt, Pd, Rh)

Keramikträger

beschichtete Keramik

CO_2, H_2O, N_2

Lambdasonde

CO, C_nH_m, NO_x

Edelstahlgehäuse

Die Anwendung chemischer Kenntnisse in der Technik hilft, Umweltprobleme zu vermeiden oder zu mindern sowie Ressourcen zu schonen. Allerdings trägt auch jeder Einzelne Verantwortung.

Löse mit Köpfchen

1. Der Kohlenstoffkreislauf

a) Der Kohlenstoffkreislauf besteht aus unterschiedlichen Teilkreisläufen. Fertige beschriftete Skizzen solcher Teilkreisläufe an. ➕

b) Strom sparen bedeutet, den fortschreitenden Treibhauseffekt einzugrenzen. Erläutere diesen Zusammenhang. ↗ S. 133

c) Überlege, welchen Anteil du persönlich oder deine Familie an der Störung des Kohlenstoffkreislaufs und damit auch an der Verstärkung des Treibhauseffekts hast. Leite Möglichkeiten zur Verringerung des Kohlenstoffdioxidausstoßes ab.

2. Das Auto als Umweltsünder?

Urteile über folgende Äußerung in einer Diskussion um Umweltprobleme:
„Bei allen Argumenten, die wir heute hier gehört haben, sollten wir doch anerkennen, dass es durch die Kraftfahrzeuge ausgelöste chemische Reaktionen sind, die den sauren Regen zum Problem werden lassen. "

Schadstoffe im Abgas (ohne Katalysator)

CO SO_2
$H_2O_{(g)}$ NO
Ruß   unverbranntes
Benzin
NO_2

3. Schadstoff oder Schutz?

Ozon in großer Höhe stellt eine Schutzschicht dar und ermöglicht das Leben außerhalb des Wassers.
Ozon am Boden ist ein Schadstoff, der für Pflanzen, Tiere und Menschen eine Gefahr bildet.
Kläre diesen scheinbaren Widerspruch.

4. Wirklich schadstoffarm?

Die Energiefreisetzung durch die Reaktion von Wasserstoff mit Sauerstoff in einer Brennstoffzelle wird häufig als besonders schadstoffarm hervorgehoben.
Bewerte diese Aussage. ↗ S. 109

5. Schwefeldioxid in der Luft

a) Beschreibe die Wirkung des Luftschadstoffs Schwefeldioxid in der Umwelt.

b) Bewerte Maßnahmen zur Entschwefelung von Industrieabgasen. ↗ S. 109

c) Erläutere, warum bei der Verbrennung von fossilen Brennstoffen oder Holz Schwefeldioxid entsteht.
Nutze die folgende Grafik als „Denkanstoß". ➕

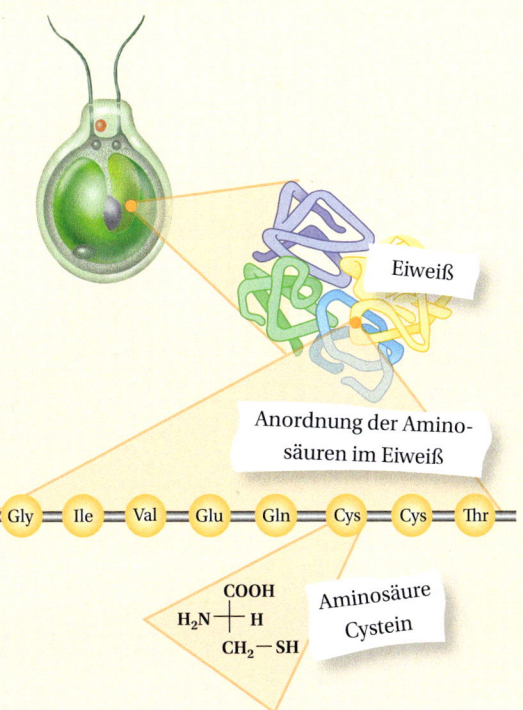

Eiweiß

Anordnung der Aminosäuren im Eiweiß

— Gly = Ile = Val = Glu = Gln = Cys = Cys = Thr —

COOH
H_2N ┼ H
CH_2 — SH

Aminosäure Cystein

⊕ Teste dich selbst

> Bei manchen Wahlaufgaben gibt es mehrere richtige Antworten.

Wähle aus.

1 Bei welcher Experimentieranordnung bildet sich Wasserstoff?

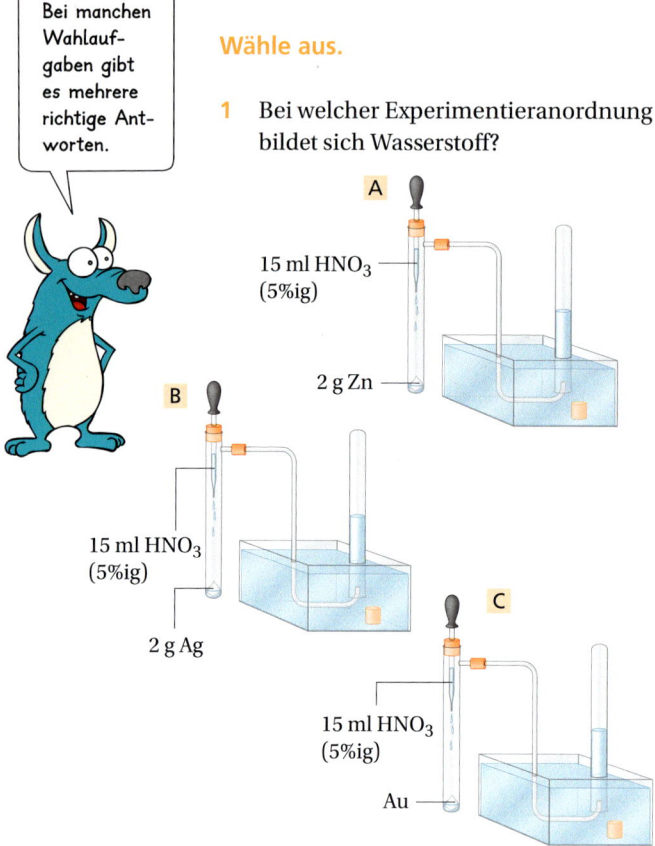

2 Welches Diagramm bildet die katalytische Oxidation von Ammoniak richtig ab?

3 Fluorchlorkohlenwasserstoffe sind Luftschadstoffe, weil

A sie in der Atmosphäre hochgiftige Dioxine bilden.

B sie in der Stratosphäre zum Abbau der lebenswichtigen Ozonschicht beitragen.

C sie den natürlichen Treibhauseffekt verstärken.

D es sich um chemisch beständige Flüssigkeiten handelt.

4 Ein chemisch-technischer Prozess wird durch den Einsatz eines Katalysators ökonomischer, weil

A aus der gleichen Menge an Ausgangsstoffen eine größere Menge an Reaktionsprodukten gewonnen wird.

B durch die Beschleunigung der Reaktion die Reaktionszeit verkürzt wird.

C durch die Herabsetzung der Aktivierungsenergie für den Prozess weniger Energie benötigt wird.

D Katalysatoren immer preiswerter als die Ausgangsstoffe der chemisch-technischen Prozesse sind.

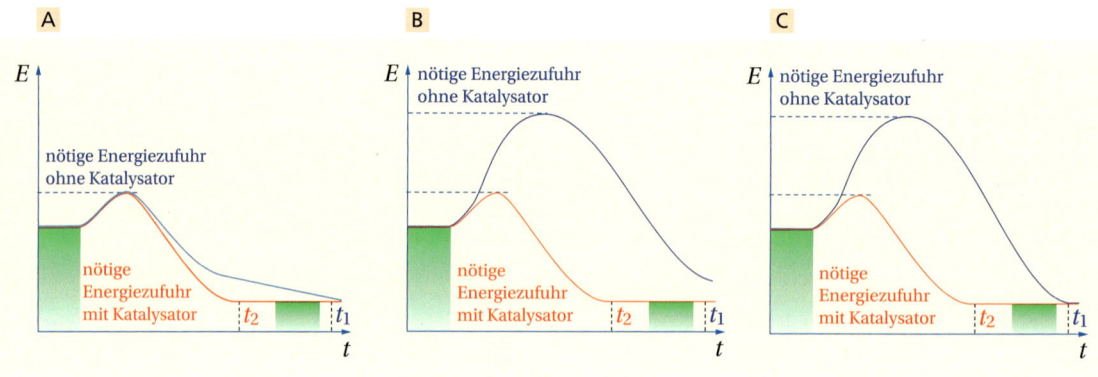

Beantworte ausführlich.

1 Grafit und Diamant sind reiner Kohlenstoff. Grafit wird u. a. zur Herstellung von Bleistiftminen verwendet. Diamanten nutzt man z. B. zum Schleifen oder zum Schneiden von Glas.
Begründe die unterschiedlichen Verwendungsmöglichkeiten mithilfe der Struktur und der Eigenschaften der Modifikationen (Erscheinungsformen).

2 In der Technik nutzt man zur Reduktion von Silicumdioxid Kohlenstoff. Erläutere die Reaktion. Stelle die Reaktionsgleichung auf.

3 Begründe, warum Lebensmittel im Kühlschrank länger haltbar sind. Wodurch kann man die Haltbarkeit von Lebensmitteln noch verlängern?

4 Erläutere Bedingungen, die die Geschwindigkeit chemischer Reaktionen beeinflussen. Berücksichtige folgende Schwerpunkte: Temperatur, Teilchenanzahl, Zerteilungsgrad und Katalysatoren.

5 Hackfleisch hat eine sehr kurze Haltbarkeitsdauer. Stelle eine begründete Vermutung über die Ursache auf.

6 Erläutere die vier Merkmale der chemischen Reaktion an der Reaktion von verdünnter Salzsäure mit Natriumhydroxidlösung.

7 Erkläre, warum für alle chemischen Reaktionen eine Aktivierungsenergie erforderlich ist.
Auf welche Weise kann die Aktivierung der Ausgangsstoffe erfolgen?

8 Werte die folgende Grafik zu den Schwefeldioxidemissionen in Deutschland aus.

Schwefeldioxid (SO_2)-Emissionen (Deutschland)
in Tausend t

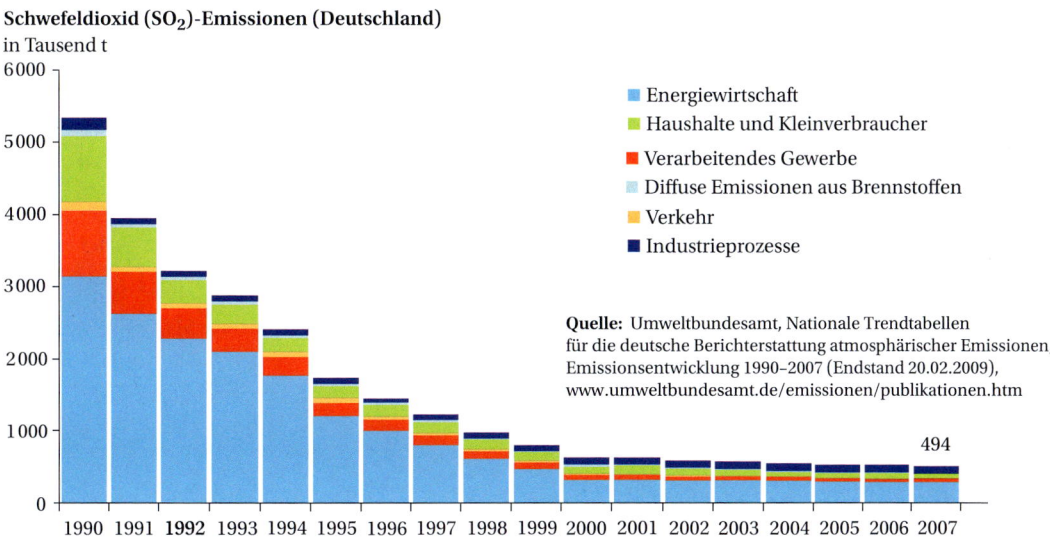

■ Energiewirtschaft
■ Haushalte und Kleinverbraucher
■ Verarbeitendes Gewerbe
■ Diffuse Emissionen aus Brennstoffen
■ Verkehr
■ Industrieprozesse

Quelle: Umweltbundesamt, Nationale Trendtabellen für die deutsche Berichterstattung atmosphärischer Emissionen, Emissionsentwicklung 1990–2007 (Endstand 20.02.2009), www.umweltbundesamt.de/emissionen/publikationen.htm

123

Roter Faden gesucht

Zu viel Neues? Zu viele einzelne Fakten? Dir fällt es schwer, Zusammenhänge zu erkennen? Versuche, den Blickwinkel zu wechseln und den Überblick zu behalten.

Nutze die grundlegenden Erkenntnisse zu „Stoffen und Teilchen", „Struktur und Eigenschaften", „Chemischer Reaktion" und „Energie" als Orientierung und strukturiere mit ihrer Hilfe deine Kenntnisse neu.

Beispiel Kochsalz

Stoffe und Teilchen	Struktur und Eigenschaften	Chemische Reaktion	Energie
Gib Eigenschaften des Stoffs an. Wende das Teilchenmodell auf Kochsalz (Natriumchlorid) an.	Erläutere den Zusammenhang zwischen Bau und Eigenschaften am Beispiel des Kochsalzes.	Beschreibe die bei der Reaktion von Natrium und Chlor stattfindenden Veränderungen im Teilchenbereich.	Skizziere das Energiediagramm für die Bildungsreaktion von Kochsalz aus den Elementsubstanzen.

Struktur und Eigenschaften

Interpretiere die Fotos und erkenne die dargestellten Fakten.

Fakten aus unterschiedlichen Themenbereichen lassen sich unter gleichem Blickwinkel betrachten. So werden allgemeine Zusammenhänge deutlich.

Hast du den Überblick?

Chemische Verbindungen in Lebensmitteln

Die Fettsäuren und Glycerol, Traubenzucker und Aminosäuren stellt man so dar:

 *Trauben-zucker*

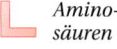 *Amino-säuren*

 Glycerol

 *Fett-säuren*

- Kohlenhydrate besitzen die allgemeine Formel $C_x(H_2O)_y$. Ihre Eigenschaften ergeben sich aus der Art und der Anzahl der Monosaccharidbausteine pro Molekül.
- Eiweiße sind makromolekulare Stoffe, die aus vielen Aminosäureresten bestehen. Aufgrund ihrer komplexen räumlichen Struktur können Eiweiße vielfältige Funktionen im Stoffwechsel von Lebewesen ausüben.
- Glycerol und Fettsäuren sind Bausteine der Fette. Die Eigenschaften von Fetten hängen davon ab, wie viele gesättigte bzw. ungesättigte Fettsäurereste ihre Moleküle enthalten.
- Kohlenhydrate, Fette und Eiweiß sind wesentliche Nährstoffe für uns. Wir müssen sie mit der Nahrung aufnehmen.

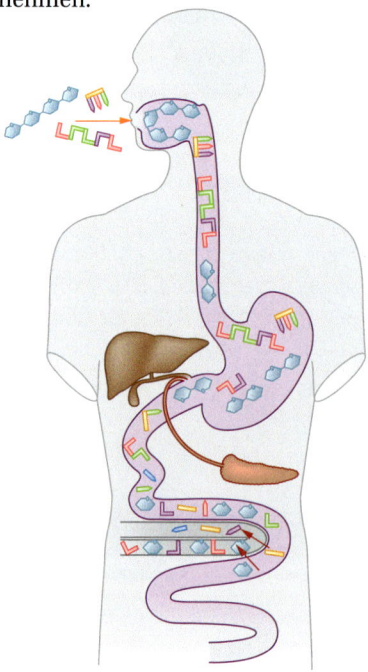

Stoffe und Teilchen

Stoffproben haben ein Volumen und eine Masse und bestehen aus einer bestimmten Anzahl von Teilchen.

Ordnung von Stoffen

- Jeder Reinstoff hat charakteristische Eigenschaften. Die Ursachen liegen im Teilchenbereich.
- Stoffe bestehen aus:
  - Atomen,
  - Molekülen (aus Atomen eines Elements oder verschiedener Elemente) oder
  - positiv und negativ geladene Ionen (einfache oder zusammengesetzte Ionen).

  Der Zusammenhalt zwischen den Teilchen erfolgt u. a. durch:
  - Atombindungen
  - Ionenbindungen
  - Metallbindung.
- Entsprechend der Struktur der Stoffe und ihrer Eigenschaften werden Stoffe zu Stoffgruppen zusammengefasst.

> Die Struktur bedingt die Eigenschaften.

Chemische Reaktionen und ihr Nutzen in der Lebenswelt

- Damit eine chemische Reaktion stattfinden kann, müssen die Teilchen der Ausgangsstoffe in den aktivierten Zustand überführt werden.
- Durch Katalysatoren kann die Aktivierungsenergie herabgesetzt werden.
- In unserem Körper wirken Enzyme als Biokatalysatoren.

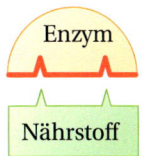

Enzym

Nährstoff

Struktur und Eigenschaften

Die Art der Teilchen und die Kräfte, die wirken, bestimmen die Eigenschaften.

⟳ Hast du den Überblick?

Chemische Verbindungen in Lebensmitteln

- Lebewesen beziehen ihre Energie aus der Nahrung. Diese enthält Kohlenhydrate, Eiweiße und Fette als energiereiche Nährstoffe.
- Kohlenhydrate dienen u. a. als Ausgangsstoffe für die Zellatmung und als Energiespeicher für alle Lebewesen.
- Fette werden als langfristige Energiespeicher durch biochemische Reaktionen gebildet. Zu viel Fett ist jedoch ungesund.

Ordnen von Stoffen

- Stoffe enthalten chemische Energie. Viele organische Stoffe sind besonders energiereich. Die Energie resultiert u. a. aus den Bindungen innerhalb der Moleküle.

Energie

Energie ist die Fähigkeit eines Körpers, mechanische Arbeit zu verrichten bzw. Wärme oder Licht abzugeben.

Chemische Reaktionen und ihr Nutzen in der Lebenswelt

- Zur Aktivierung der Teilchen reicht bei manchen Reaktionen die Energie der Umgebung (thermische Energie) aus. Sonst muss zusätzliche Energie zugeführt werden.
- Nach der Energiebilanz unterscheiden wir endotherme und exotherme Reaktionen.
- Wir nutzen exotherme Reaktionen zur Energiegewinnung.
- Die Zellatmung (biologische Oxidation) ist ein exothermer biochemischer Prozess, der in der Natur zur Freisetzung nutzbarer Energie dient. Er findet bei höheren Lebewesen in den Mitochondrien statt.

⟳ Hast du den Überblick?

Chemische Verbindungen in Lebensmitteln

- Monosaccharide werden biochemisch durch Kondensation in Polysaccharide umgewandelt. Diese werden bei Bedarf durch Hydrolyse wieder zu den Monosacchariden abgebaut.
- Der Aufbau und Abbau von Eiweißen erfolgt ebenfalls durch Kondensation und Hydrolyse.
- Die Bildung (Kondensation) und Spaltung (Hydrolyse) von Fetten sind ebenfalls umkehrbare Reaktionen.

Ordnen von Stoffen

- Zu den charakteristischen Eigenschaften eines Stoffs gehören auch seine chemischen Eigenschaften, also typische chemische Reaktionen.
- Einige chemische Reaktionen können zum Nachweis von Stoffen bzw. von bestimmten Strukturmerkmalen genutzt werden.

Chemische Reaktion

Chemische Reaktionen sind gekennzeichnet durch Stoff- und Energieumwandlungen.

Die Ursache besteht in Veränderungen der Teilchen und chemischen Bindungen.

Chemische Reaktionen und ihr Nutzen in der Lebenswelt

■ Alle chemischen Reaktionen sind durch Stoff- und Energieumwandlungen (makroskopischer Bereich) und durch die Änderung der Teilchen und der chemischen Bindungen (mikroskopischer Bereich) gekennzeichnet.

■ Chemische Reaktionen weisen eine bestimmte Reaktionsgeschwindigkeit auf.
Sie kann durch die Anzahl der Teilchen, durch die Temperatur und durch Katalysatoren beeinflusst werden.

■ Alle Stoffwechselprozesse sind (bio-) chemische Reaktionen. Ohne sie wäre das Leben auf der Erde nicht möglich.

■ Grundlegende Prozesse sind Zellatmung (Glucose wird unter Sauerstoffverbrauch und Energieabgabe zu Kohlenstoffdioxid und Wasser umgesetzt) und Fotosynthese (Bildung von Glucose und Sauerstoff aus Kohlenstoffdioxid und Wasser unter Nutzung der Sonnenenergie).

◯ Hast du den Überblick?

Stelle eine Vermutung auf

Formuliere auf der Grundlage von Fakten, Erkenntnissen, Gesetzen und Modellen eine Aussage über ein wahrscheinlich auftretendes Ereignis, einen Zustand oder eine Entwicklung. Berücksichtige dabei die konkreten Bedingungen.

Begründe

Führe einen Nachweis, dass eine Aussage richtig oder falsch ist. Lege deine Argumente (Beobachtungen, bekannte Lehrsätze, Gesetze und Beziehungen und gegebenenfalls Beispiele oder Gegenbeispiele) in logischer Reihenfolge dar.

Beobachte

Ermittle mithilfe von Sinnesorganen oder Hilfsmitteln (z. B. Mikroskop) Eigenschaften und Merkmale, Beziehungen und Abfolgen von Objekten oder Prozessen.

Experimentiere

Untersuche ein Phänomen der Natur unter ausgewählten, kontrollierten und veränderbaren Bedingungen. Notiere und werte die Beobachtungen aus.
Dabei müssen sich die Bedingungen wiederholen lassen.

Interpretiere

Finde grundlegende Zusammenhänge, um Aussagen, Beobachtungsergebnissen, Messwerten oder grafischen Darstellungen eine auf die Natur oder Gesellschaft bezogene inhaltliche Bedeutung zu geben. Lege diese Zusammenhänge sprachlich geordnet dar.

Ausgewählte Methoden

Was bedeutet eigentlich …

132

Definiere

Bestimme einen Begriff eindeutig, z. B. indem du einen Oberbegriff suchst und spezielle Merkmale angibst.

Leite ab

Formuliere auf der Grundlage eines allgemeinen Sachverhalts, Gesetzes oder Modells konkrete Aussagen zu einem Beispiel.

Diskutiere

Stelle zu bestimmten Sachverhalten, Aussagen oder Thesen unterschiedliche Positionen bzw. Pro- und Kontra-Argumente einander gegenüber und wäge sie ab.

Erläutere

Stelle einen Sachverhalt anhand eines Beispiels verständlich dar. Veranschauliche ihn durch Zusatzinformationen (z. B. beschriftete Skizze).

Erkläre

Stelle eine Problemlösung, einen Sachverhalt bzw. ein Phänomen zusammenhängend und logisch dar, indem du zugrunde liegende Gesetze, Regeln und Beziehungen heranziehst. Du kannst dazu Modelle und grafische Darstellungen nutzen.

Vergleiche

Stelle gemeinsame und unterschiedliche Merkmale von zwei oder mehreren Vergleichsobjekten dar. Wähle die Merkmale nach dem beabsichtigten Zweck des Vergleichs aus und leite eine entsprechende Schlussfolgerung aus den Ergebnissen ab.

133

➕ Trainiere mit Methode

1. Wie alle Stoffe ändert auch Wasser in Abhängigkeit von der Temperatur seinen Aggregatzustand.

a) Notiert die Aggregatzustände von Wasser bei Normaldruck und bei den folgenden Temperaturen:

   −15 °C, 5 °C, 95 °C, 105 °C, 205 °C.

b) Wie könntet ihr die Schmelztemperatur von Wasser bestimmen? Erarbeitet einen Plan für euer Experiment und lasst ihn von der Lehrkraft bestätigen. Führt das Experiment durch.

c) Unten ist das Schmelzdiagramm von Eis (Wasser) abgebildet. Interpretiert das Diagramm.

d) Erklärt mithilfe des Teilchenmodells, was beim Schmelzen des Eises passiert. Diskutiert, warum sich die Temperatur während des Schmelzvorgangs nicht ändert.

2. Das Erhitzen eines Stoffs kann entweder eine Änderung des Aggregatzustands oder eine chemische Reaktion bewirken.

a) Demonstriert euren Mitschülern jeweils ein Beispiel. Wählt dazu geeignete Experimente aus.

b) Erläutert an euren gewählten Beispielen den Unterschied zwischen einem physikalischen Prozess und einer chemischen Reaktion.

3. Die Verbrennung von Wasserstoff ist stark exotherm. Deshalb ist Wasserstoff ein möglicher Energieträger der Zukunft.

a) Nennt drei Beispiele, wo Wasserstoff schon heute als Energieträger eingesetzt wird.

b) Diskutiert die Vor- und Nachteile von Wasserstoff als Energieträger der Zukunft.

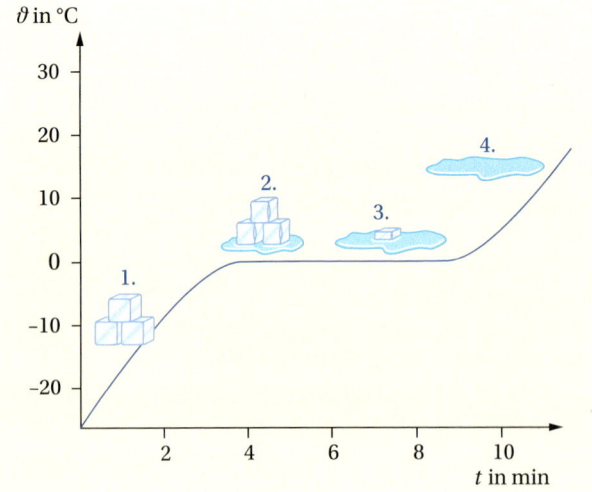

4. Chemische Elemente bestehen nur aus Atomen mit gleicher Kernladungszahl. Das Periodensystem bringt Ordnung in die Vielfalt der Elemente.

a) Beschreibe den Aufbau des Periodensystems der Elemente.

b) Stelle den Zusammenhang zwischen dem Bau des Schwefelatoms und der Stellung des Elements Schwefel im Periodensystem der Elemente dar.

c) Schließe von der Stellung des Elements Schwefel im Periodensystem auf zwei Eigenschaften des Stoffs.

5. Calcium kommt in der Natur nur chemisch gebunden vor.

a) Beschreibe die Bildung von Calcium-Ionen anhand der Reaktion von Calcium und Chlor.

b) Skizziere die Schalenmodelle eines Calciumatoms und eines Chloratoms und beschrifte sie.

c) Erkläre, warum Calciumatome bei chemischen Reaktionen Elektronen abgeben und Chloratome Elektronen aufnehmen.

d) Untersuche die Reaktion von Calciumoxid mit Wasser experimentell. Erkläre deine Beobachtungen und leite eine Schlussfolgerung zum Reaktionsverhalten von Metalloxiden ab.

6. Kohlenstoff existiert in verschiedenen Modifikationen und bildet eine Vielzahl von Verbindungen.

a) Erkläre die in der Tabelle aufgeführten Eigenschaften der Kohlenstoffmodifikationen anhand ihres Baus.

Stoff	Diamant	Grafit
Härte	extrem hart	weich
elektrische Leitfähigkeit	Isolator	elektrisch leitend

b) Leite aus der Stellung des Kohlenstoffs im PSE den Bau der Atome ab. Begründe die große Vielfalt der organischen Verbindungen.

c) Kohlenstoff kann je nach Sauerstoffangebot zu zwei unterschiedlichen Oxiden verbrennen. Entwickle die chemischen Gleichungen für beide Verbrennungsreaktionen.

7. Ohne Wasser gäbe es kein Leben auf der Erde.

a) Gib drei Bedeutungen des Wassers in der Natur an.

b) Zeichne ein Modell des Wassermoleküls. Erläutere den Begriff „Dipolmolekül".

c) Beschreibe die zwischenmolekularen Kräfte zwischen den Wassermolekülen. Stelle einen Zusammenhang zu den Eigenschaften des Wassers her.

d) Folgende Stoffe bilden im Wasser Ionen: Calciumhydroxid, Natriumnitrat, Schwefelsäure. Stelle die chemischen Reaktionen jeweils in der chemischen Zeichensprache dar.

135

⊕ Trainiere mit Methode

8. Begründet die unterschiedliche Wasserlöslichkeit und chemische Beständigkeit von Stärke und von Glucose anhand der Struktur der beiden Kohlenhydrate.
Leitet daraus ab, welche Funktionen Glucose und Stärke im Stoffwechsel erfüllen.

9. Ethanol wird umgangssprachlich als Alkohol bezeichnet.
a) Ordnet die Begriffe Alkanole, Ethanol, Alkohole, Methanol in ein Schema ein und definiert die Begriffe.

b) Vergleicht und erklärt die Lösungsmitteleigenschaften von Ethanol und Wasser. Nutzt dazu auch eure Kenntnisse vom Bau der beiden Stoffe.

10. Die Wasserspinne ist die einzige Spinne, die unter Wasser lebt. Die Spinne befestigt Luftblasen in ihrem dichten Netz. In diesen „Tauchglocken" spielt sich ihr Leben meist ab.
Erläutert, wie die Wasserspinne die besonderen Eigenschaften des Wassers zum Überleben nutzt.

11. Eiweiße sind unter physiologischen Bedingungen in unserem Körper stabil. Gegenüber Chemikalien sind sie jedoch ziemlich empfindlich.
a) Versetzt eine Eiklarlösung mit Essigessenz. Beschreibt eure Beobachtungen.

b) Nennt weitere Chemikalien, durch die Eiweiße denaturiert werden. Wo ist diese chemische Reaktion sogar nützlich?

c) Diskutiert, durch welche Strukturveränderungen die Denaturierung hervorgerufen werden könnte.

12. In der Tabelle ist die Zusammensetzung und der Schmelzbereich von verschiedenen Fetten angegeben.

Fett	Schmelz-bereich	Anteile an Fettsäureresten im Molekül	
		gesättigte	ungesättigte
Schmalz	22 bis 32 °C	43 %	57 %
Talg	20 bis 38 °C	54 %	46 %
Rapsöl	–15 bis 0 °C	5 %	95 %
Leinöl	–27 bis –16 °C	10 %	90 %

a) Definiert die Begriffe gesättigte und ungesättigte Fettsäuren.
Beschreibt den allgemeinen Bau von Fettmolekülen.

b) Leitet daraus und aus den Daten in der Tabelle ab, warum Fette Stoffgemische sind und warum sich die Schmelzbereiche der tierischen und pflanzlichen Fette unterscheiden.

13. Ihr erkennt chemische Reaktionen an ihren Merkmalen.

a) Erläutert eurer Lerngruppe das unten stehende Schema. Demonstriert dazu die Reaktion von verdünnter Natriumhydroxidlösung mit Salzsäure gleicher Konzentration. Erarbeitet einen Plan für euer Experiment und lasst ihn von der Lehrkraft bestätigen.

b) Eure Lehrkraft stellt das Salz Calciumbromid durch die Reaktion von Calcium mit Brom her. Erarbeitet für die Bildung des Salzes aus den Elementsubstanzen ein ähnliches Schema wie für die Neutralisation (↗ Abb. unten).

14. Viele Verkehrsbetriebe setzen Busse mit modernen Wasserstoffmotoren im Nahverkehr ein. In den Motoren wird der Wasserstoff mit Luft vermischt und bei Temperaturen von über 1000 °C verbrannt. Im Stadtverkehr verbrauchen die Busse auf einer Strecke von 10 km etwa 2 kg Wasserstoff. Die Durchschnittsgeschwindigkeit beträgt ca. 20 km/h.

a) Berechnet die Masse an Wasser, die ein Bus auf einer Strecke von 100 km erzeugt. Wie viel Kilogramm Sauerstoff werden dafür benötigt?

b) Diskutiert in der Lerngruppe eure Überlegungen zur Lösung.

Lasst euch nicht von den vielen Fakten verwirren. Welche Zahlen benötigt ihr wirklich zur Lösung?

Neutralisationsreaktion

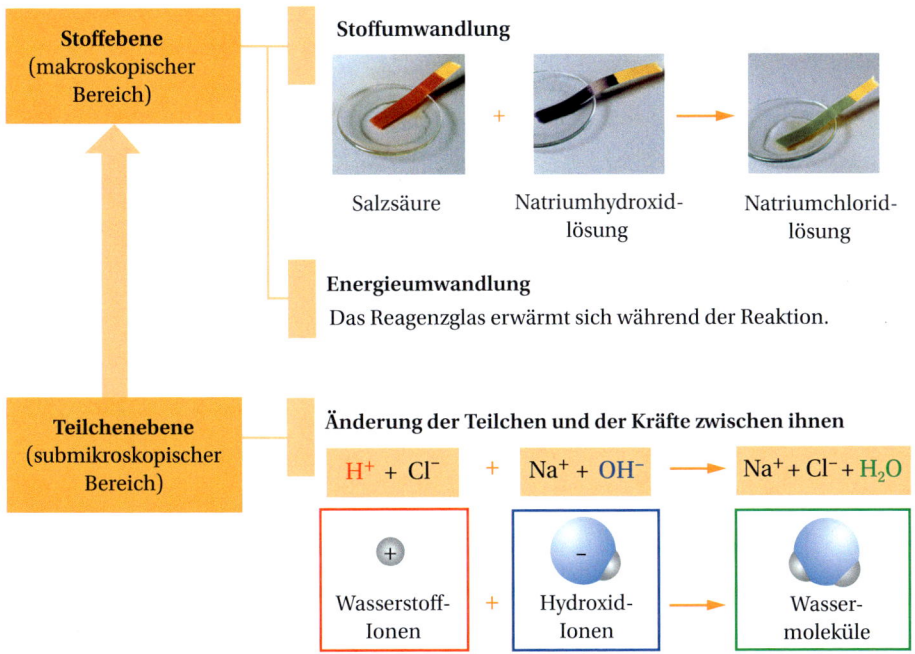

Stoffebene (makroskopischer Bereich)

Stoffumwandlung

Salzsäure + Natriumhydroxidlösung → Natriumchloridlösung

Energieumwandlung
Das Reagenzglas erwärmt sich während der Reaktion.

Teilchenebene (submikroskopischer Bereich)

Änderung der Teilchen und der Kräfte zwischen ihnen

$$H^+ + Cl^- \quad + \quad Na^+ + OH^- \longrightarrow Na^+ + Cl^- + H_2O$$

Wasserstoff-Ionen + Hydroxid-Ionen → Wassermoleküle

137

A Anhang

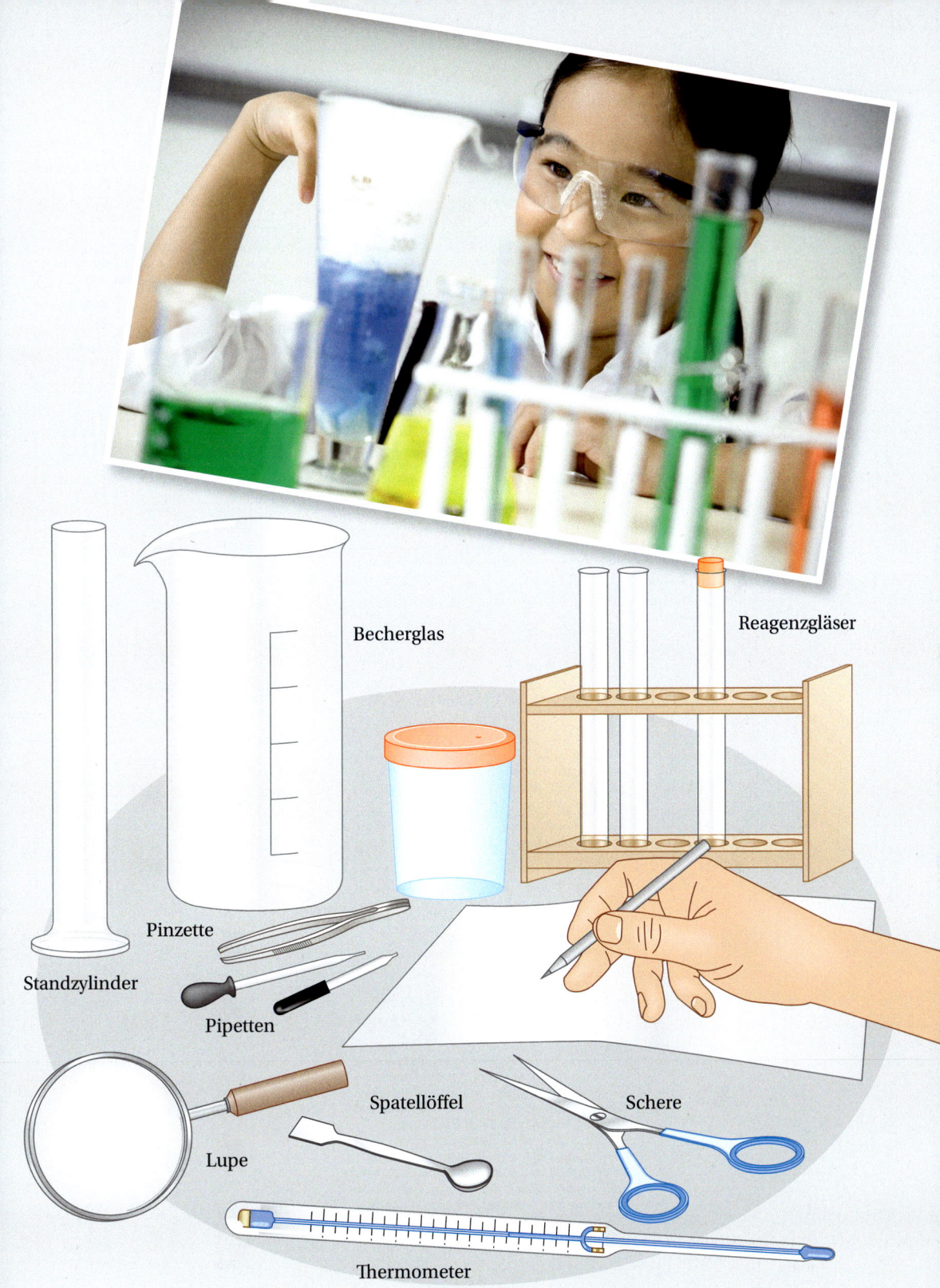

Becherglas

Reagenzgläser

Standzylinder

Pinzette

Pipetten

Lupe

Spatellöffel

Schere

Thermometer

Hinweise zur Arbeit mit Gefahrstoffen

Mit dem neuen GHS *(Globally Harmonised System of Classification and Labelling of Chemicals)* werden die Kriterien für die Einstufung der Gefahrstoffe neu festgelegt und mit international einheitlichen Pik-togrammen versehen. Neu ist auch die Verwendung der Signalworte „Gefahr" und „Achtung" für das Aus-maß der Gefahr: „Gefahr" bei hoher Gefährdung oder „Achtung" bei geringerer Gefährdung.

Gefahren-piktogramm und -Code	Mit dem Gefahrenpiktogramm gekennzeichnete Stoffe und Gemische	Signal-wort	Kennzeichnung nach bisheriger Gefahrstoffverordnung	
			Gefahren-symbol	Gefahren-hinweise
GHS01	explosive und sehr gefährliche selbstzersetzliche Stoffe und Gemische sowie sehr gefährliche organische Peroxide	Gefahr oder Achtung		R2, R3
GHS02	entzündbare, selbsterhitzungsfähige und gefähr-liche selbstzersetzliche Stoffe und Gemische, pyro-phore Stoffe sowie Stoffe und Gemische, die bei Berührung mit Wasser entzündbare Gase entwickeln	Gefahr oder Achtung	F+ oder F	R12, R11 oder R10; R17; R15
GHS02	gefährliche organische Peroxide	Gefahr oder Achtung	O	R7
GHS03	Stoffe und Gemische mit oxidierender Wirkung	Gefahr oder Achtung	O	R8, R9
GHS04	Gase unter Druck	Achtung	–	
GHS05	Stoffe und Gemische, die korrosiv auf Metalle wirken	Achtung	–	
GHS05	Stoffe und Gemische, die schwere Verätzungen der Haut und/oder schwere Augenschäden ver-ursachen	Gefahr	C oder Xi	R34, R35, R41
GHS06	lebensgefährliche und giftige Stoffe und Gemische	Gefahr	T+ oder T	R26, R27, R28 oder R23, R24, R25
GHS07	gesundheitsschädliche Stoffe und Gemische	Achtung	Xn	R20, R21, R22
GHS07	Stoffe und Gemische, die Haut- und/oder Augen-reizungen verursachen und/oder allergische Hautreaktionen, Reizungen der Atemwege und/oder Schläfrigkeit und Benommenheit verursa-chen können	Achtung	Xi	R36, R37, R38; R43; R67
GHS08	Stoffe und Gemische, die bei Verschlucken und Eindringen in die Atemwege tödlich sein können und/oder eine Gefahr für die Gesundheit darstel-len. Diese Stoffe und Gemische schädigen be-stimmte Organe und/oder können Krebs erzeugen, die Fruchtbarkeit beeinträchtigen, das Kind im Mutterleib schädigen und/oder genetische Defekte und/oder beim Einatmen Allergien, asthmaartige Symptome oder Atembeschwerden verursachen.	Gefahr oder Achtung	T+ , T oder Xn	R45, R49, R40; R60; R62; R61, R63; R46; R39/…; R68/…; R48/…; R42; R33; R65
GHS09	Stoffe und Gemische, die sehr giftig oder giftig für Wasserorganismen sind	Achtung oder –	N	R50, R50/53 R51/53

Gefahrenhinweise, Gefahrenmerkmale und Kennzeichnungselemente

1 Gefahrenhinweise

Gefahrenhinweise für physikalische Gefahren

H200 Instabil, explosiv

H201 Explosiv, Gefahr der Massenexplosion.

H202 Explosiv; große Gefahr durch Splitter, Spreng- und Wurfstücke.

H203 Explosiv; Gefahr durch Feuer, Luftdruck oder Splitter, Spreng- und Wurfstücke.

H204 Gefahr durch Feuer oder Splitter, Spreng- und Wurfstücke.

H205 Gefahr der Massenexplosion bei Feuer.

H220 Extrem entzündbares Gas.

H221 Entzündbares Gas.

H222 Extrem entzündbares Aerosol.

H223 Entzündbares Aerosol.

H224 Flüssigkeit und Dampf extrem entzündbar.

H225 Flüssigkeit und Dampf leicht entzündbar.

H226 Flüssigkeit und Dampf entzündbar.

H228 Entzündbarer Feststoff.

H240 Erwärmung kann Explosion verursachen.

H241 Erwärmung kann Brand oder Explosion verursachen.

H242 Erwärmung kann Brand verursachen.

H250 Entzündet sich in Berührung mit Luft von selbst.

H251 Selbsterhitzungsfähig; kann in Brand geraten.

H252 In großen Mengen selbsterhitzungsfähig; kann in Brand geraten.

H260 In Berührung mit Wasser entstehen entzündbare Gase, die sich spontan entzünden können.

H261 In Berührung mit Wasser entstehen entzündbare Gase.

H270 Kann Brand verursachen oder verstärken; Oxidationsmittel.

H271 Kann Brand oder Explosion verursachen; starkes Oxidationsmittel.

H272 Kann Brand verstärken; Oxidationsmittel.

H280 Enthält Gas unter Druck; kann bei Erwärmung explodieren.

H281 Enthält tiefkaltes Gas; kann Kälteverbrennungen oder -verletzungen verursachen.

H290 Kann gegenüber Metallen korrosiv sein.

Gefahrenhinweise für Gesundheitsgefahren

H300 Lebensgefahr bei Verschlucken.

H301 Giftig bei Verschlucken.

H302 Gesundheitsschädlich bei Verschlucken.

H304 Kann bei Verschlucken und Eindringen in die Atemwege tödlich sein.

H310 Lebensgefahr bei Hautkontakt.

H311 Giftig bei Hautkontakt.

H312 Gesundheitsschädlich bei Hautkontakt.

H314 Verursacht schwere Verätzungen der Haut und schwere Augenschäden.

H315 Verursacht Hautreizungen.

H317 Kann allergische Hautreaktionen verursachen.

H318 Verursacht schwere Augenschäden.

H319 Verursacht schwere Augenreizung.

H330 Lebensgefahr bei Einatmen.

H331 Giftig bei Einatmen.

H332 Gesundheitsschädlich bei Einatmen.

H334 Kann bei Einatmen Allergie, asthmaartige Symptome oder Atembeschwerden verursachen.

H335 Kann die Atemwege reizen.

H336 Kann Schläfrigkeit und Benommenheit verursachen.

H340 Kann genetische Defekte verursachen <Expositionsweg angeben, sofern schlüssig belegt ist, dass diese Gefahr bei keinem anderen Expositionsweg besteht>.

H341 Kann vermutlich genetische Defekte verursachen <Expositionsweg angeben, sofern schlüssig belegt ist, dass diese Gefahr bei keinem anderen Expositionsweg besteht>.

H350 Kann Krebs erzeugen <Expositionsweg angeben, sofern schlüssig belegt ist, dass diese Gefahr bei keinem anderen Expositionsweg besteht>.

H350i Kann beim Einatmen Krebs erzeugen.

H351 Kann vermutlich Krebs erzeugen <Expositionsweg angeben, sofern schlüssig belegt ist, dass diese Gefahr bei keinem anderen Expositionsweg besteht>.

H360 Kann die Fruchtbarkeit beeinträchtigen oder das Kind im Mutterleib schädigen <konkrete Wirkung angeben, sofern bekannt> <Expositionsweg angeben, sofern schlüssig belegt ist, dass die Gefahr bei keinem anderen Expositionsweg besteht>.

H360F Kann die Fruchtbarkeit beeinträchtigen.

H360D Kann das Kind im Mutterleib schädigen.

H360FD Kann die Fruchtbarkeit beeinträchtigen. Kann das Kind im Mutterleib schädigen.

H360Fd Kann die Fruchtbarkeit beeinträchtigen. Kann vermutlich das Kind im Mutterleib schädigen.

H360Df Kann das Kind im Mutterleib schädigen. Kann vermutlich die Fruchtbarkeit beeinträchtigen.

H361 Kann vermutlich die Fruchtbarkeit beeinträchtigen oder das Kind im Mutterleib schädigen <konkrete Wirkung angeben, sofern bekannt> <Expositionsweg angeben, sofern schlüssig belegt ist, dass die Gefahr bei keinem anderen Expositionsweg besteht>.

H361f Kann vermutlich die Fruchtbarkeit beeinträchtigen.

H361d Kann vermutlich das Kind im Mutterleib schädigen.

H361fd Kann vermutlich die Fruchtbarkeit beeinträchtigen. Kann vermutlich das Kind im Mutterleib schädigen.

H362 Kann Säuglinge über die Muttermilch schädigen.

H370 Schädigt die Organe <oder alle betroffenen Organe nennen, sofern bekannt> <Expositionsweg angeben, sofern schlüssig belegt ist, dass diese Gefahr bei keinem anderen Expositionsweg besteht>.

H371 Kann die Organe schädigen <oder alle betroffenen Organe nennen, sofern bekannt> <Expositionsweg angeben, sofern schlüssig belegt ist, dass diese Gefahr bei keinem anderen Expositionsweg besteht>.

H372 Schädigt die Organe <alle betroffenen Organe nennen> bei längerer oder wiederholter Exposition <Expositionsweg angeben, wenn schlüssig belegt ist, dass diese Gefahr bei keinem anderen Expositionsweg besteht>.

H373 Kann die Organe schädigen <alle betroffenen Organe nennen, sofern bekannt> bei längerer oder wiederholter Exposition <Expositionsweg angeben, wenn schlüssig belegt ist, dass diese Gefahr bei keinem anderen Expositionsweg besteht>.

Gefahrenhinweise für Umweltgefahren

H400 Sehr giftig für Wasserorganismen.

H410 Sehr giftig für Wasserorganismen mit langfristiger Wirkung.

H411 Giftig für Wasserorganismen, mit langfristiger Wirkung.

H412 Schädlich für Wasserorganismen, mit langfristiger Wirkung.

H413 Kann für Wasserorganismen schädlich sein, mit langfristiger Wirkung.

2 Ergänzende Gefahrenmerkmale

Physikalische Eigenschaften

EUH001 In trockenem Zustand explosionsgefährlich.

EUH006 Mit und ohne Luft explosionsfähig.

EUH014 Reagiert heftig mit Wasser.

EUH018 Kann bei Verwendung explosionsfähige/entzündbare Dampf/Luft-Gemische bilden.

EUH019 Kann explosionsfähige Peroxide bilden.

EUH044 Explosionsgefahr bei Erhitzen unter Einschluss.

Gesundheitsgefährliche Eigenschaften

EUH029 Entwickelt bei Berührung mit Wasser giftige Gase.

EUH031 Entwickelt bei Berührung mit Säure giftige Gase.

EUH032 Entwickelt bei Berührung mit Säure sehr giftige Gase.

EUH066 Wiederholter Kontakt kann zu spröder oder rissiger Haut führen.

EUH070 Giftig bei Berührung mit den Augen.

EUH071 Wirkt ätzend auf die Atemwege.

Umweltgefährliche Eigenschaften

EUH059 Die Ozonschicht schädigend.

141

3 Ergänzende Kennzeichnungselemente/Informationen über bestimmte Stoffe und Gemische

EUH201 Enthält Blei. Nicht für den Anstrich von Gegenständen verwenden, die von Kindern gekaut oder gelutscht werden könnten.

EUH201A Achtung! Enthält Blei.

EUH202 Cyanacrylat. Gefahr. Klebt innerhalb von Sekunden Haut und Augenlider zusammen. Darf nicht in die Hände von Kindern gelangen.

EUH203 Enthält Chrom (VI). Kann allergische Reaktionen hervorrufen.

EUH204 Enthält Isocyanate. Kann allergische Reaktionen hervorrufen.

EUH205 Enthält epoxidhaltige Verbindungen. Kann allergische Reaktionen hervorrufen.

EUH206 Achtung! Nicht zusammen mit anderen Produkten verwenden, da gefährliche Gase (Chlor) freigesetzt werden können.

EUH207 Achtung! Enthält Cadmium. Bei der Verwendung entstehen gefährliche Dämpfe. Hinweise des Herstellers beachten. Sicherheitsanweisungen einhalten.

EUH208 Enthält <Name des sensibilisierenden Stoffes>. Kann allergische Reaktionen hervorrufen.

EUH209 Kann bei Verwendung leicht entzündbar werden.

EUH209A Kann bei Verwendung entzündbar werden.

EUH210 Sicherheitsdatenblatt auf Anfrage erhältlich.

EUH401 Zur Vermeidung von Risiken für Mensch und Umwelt die Gebrauchsanleitung einhalten.

Sicherheitshinweise

Sicherheitshinweise – Allgemeines

P101 Ist ärztlicher Rat erforderlich, Verpackung oder Kennzeichnungsetikett bereithalten.

P102 Darf nicht in die Hände von Kindern gelangen.

P103 Vor Gebrauch Kennzeichnungsetikett lesen.

Sicherheitshinweise – Prävention

P201 Vor Gebrauch besondere Anweisungen einholen.

P202 Vor Gebrauch alle Sicherheitshinweise lesen und verstehen.

P210 Von Hitze/Funken/offener Flamme/heißen Oberflächen fernhalten. Nicht rauchen.

P211 Nicht gegen offene Flamme oder andere Zündquelle sprühen.

P220 Von Kleidung/.../brennbaren Materialien fernhalten/entfernt aufbewahren.

P221 Mischen mit brennbaren Stoffen/... unbedingt verhindern.

P222 Kontakt mit Luft nicht zulassen.

P223 Kontakt mit Wasser wegen heftiger Reaktion und möglichem Aufflammen unbedingt verhindern.

P230 Feucht halten mit ...

P231 Unter inertem Gas handhaben.

P232 Vor Feuchtigkeit schützen.

P233 Behälter dicht verschlossen halten.

P234 Nur im Originalbehälter aufbewahren.

P235 Kühl halten.

P240 Behälter und zu befüllende Anlage erden.

P241 Explosionsgeschützte elektrische Betriebsmittel/Lüftungsanlagen/Beleuchtung/... verwenden.

P242 Nur funkenfreies Werkzeug verwenden.

P243 Maßnahmen gegen elektrostatische Aufladungen treffen.

P244 Druckminderer frei von Fett und Öl halten.

P250 Nicht schleifen/stoßen/.../reiben.

P251 Behälter steht unter Druck: Nicht durchstechen oder verbrennen, auch nicht nach der Verwendung.

P260 Staub/Rauch/Gas/Nebel/Dampf/Aerosol nicht einatmen.

P261 Einatmen von Staub/Rauch/Gas/Nebel/Dampf/Aerosol vermeiden.

P262 Nicht in die Augen, auf die Haut oder auf die Kleidung gelangen lassen.

P263 Kontakt während der Schwangerschaft und der Stillzeit vermeiden.

P264 Nach Gebrauch ... gründlich waschen.

P270 Bei Gebrauch nicht essen, trinken oder rauchen.

P271 Nur im Freien oder in gut belüfteten Räumen verwenden.

P272 Kontaminierte Arbeitskleidung nicht außerhalb des Arbeitsplatzes tragen.

P273 Freisetzung in die Umwelt vermeiden.

P280 Schutzhandschuhe/Schutzkleidung/Augenschutz/Gesichtsschutz tragen.

P281 Vorgeschriebene persönliche Schutzausrüstung verwenden.

P282 Schutzhandschuhe/Gesichtsschild/Augenschutz mit Kälteisolierung tragen.

P283 Schwer entflammbare/flammhemmende Kleidung tragen.

P284 Atemschutz tragen.

P285 Bei unzureichender Belüftung Atemschutz tragen.

P231 + P232 Unter inertem Gas handhaben. Vor Feuchtigkeit schützen.

P235 + P410 Kühl halten. Vor Sonnenbestrahlung schützen.

Sicherheitshinweise – Reaktion

P301 BEI VERSCHLUCKEN:

P302 BEI BERÜHRUNG MIT DER HAUT:

P303 BEI BERÜHRUNG MIT DER HAUT (oder dem Haar):

P304 BEI EINATMEN:

P305 BEI KONTAKT MIT DEN AUGEN:

P306 BEI KONTAMINIERTER KLEIDUNG:

P307 BEI Exposition:

P308 BEI Exposition oder falls betroffen:

P309 BEI Exposition oder Unwohlsein:

P310 Sofort GIFTINFORMATIONSZENTRUM oder Arzt anrufen.

P311 GIFTINFORMATIONSZENTRUM oder Arzt anrufen.

P312 Bei Unwohlsein GIFTINFORMATIONSZENTRUM oder Arzt anrufen.

P313 Ärztlichen Rat einholen/ärztliche Hilfe hinzuziehen.

P314 Bei Unwohlsein ärztlichen Rat einholen/ärztliche Hilfe hinzuziehen.

P315 Sofort ärztlichen Rat einholen/ärztliche Hilfe hinzuziehen.

P320 Besondere Behandlung dringend erforderlich (siehe ... auf diesem Kennzeichnungsetikett).

P321 Besondere Behandlung (siehe ... auf diesem Kennzeichnungsetikett).

P322 Gezielte Maßnahmen (siehe ... auf diesem Kennzeichnungsetikett).

P330 Mund ausspülen.

P331 KEIN Erbrechen herbeiführen.

P332 Bei Hautreizung:

P333 Bei Hautreizung oder -ausschlag:

P334 In kaltes Wasser tauchen/nassen Verband anlegen.

P335 Lose Partikel von der Haut abbürsten.

P336 Vereiste Bereiche mit lauwarmem Wasser auftauen. Betroffenen Bereich nicht reiben.

P337 Bei anhaltender Augenreizung:

P338 Eventuell vorhandene Kontaktlinsen nach Möglichkeit entfernen. Weiter ausspülen.

P340 Die betroffene Person an die frische Luft bringen und in einer Position ruhig stellen, die das Atmen erleichtert.

P341 Bei Atembeschwerden an die frische Luft bringen und in einer Position ruhig stellen, die das Atmen erleichtert.

P342 Bei Symptomen der Atemwege:

P350 Behutsam mit viel Wasser und Seife waschen.

P351 Einige Minuten lang behutsam mit Wasser ausspülen.

P352 Mit viel Wasser und Seife waschen.

P353 Haut mit Wasser abwaschen/duschen.

P360 Kontaminierte Kleidung und Haut sofort mit viel Wasser abwaschen und danach Kleidung ausziehen.

P361 Alle kontaminierten Kleidungsstücke sofort auszuziehen.

P362 Kontaminierte Kleidung ausziehen und vor erneutem Tragen waschen.

P363 Kontaminierte Kleidung vor erneutem Tragen waschen.

P370 Bei Brand:

P371 Bei Großbrand und großen Mengen:

P372 Explosionsgefahr bei Brand.

P373 KEINE Brandbekämpfung, wenn das Feuer explosive Stoffe/Gemische/Erzeugnisse erreicht.

P374 Brandbekämpfung mit üblichen Vorsichtsmaßnahmen aus angemessener Entfernung.

P375 Wegen Explosionsgefahr Brand aus der Entfernung bekämpfen.

P376 Undichtigkeit beseitigen, wenn gefahrlos möglich.

P377 Brand von ausströmendem Gas: Nicht löschen, bis Undichtigkeit gefahrlos beseitigt werden kann.

P378 ... zum Löschen verwenden.

P380 Umgebung räumen.

P381 Alle Zündquellen entfernen, wenn gefahrlos möglich.

P390 Verschüttete Mengen aufnehmen, um Materialschäden zu vermeiden.

P391 Verschüttete Mengen aufnehmen.

P301 + P310 BEI VERSCHLUCKEN: Sofort GIFTINFORMATIONSZENTRUM oder Arzt anrufen.

P301 + P312 BEI VERSCHLUCKEN: Bei Unwohlsein GIFTINFORMATIONSZENTRUM oder Arzt anrufen.

P301 + P330 + P331 BEI VERSCHLUCKEN: Mund ausspülen. KEIN Erbrechen herbeiführen.

P302 + P334 BEI KONTAKT MIT DER HAUT: In kaltes Wasser tauchen/nassen Verband anlegen.

P302 + P350 BEI KONTAKT MIT DER HAUT: Behutsam mit viel Wasser und Seife waschen.

P302 + P352 BEI KONTAKT MIT DER HAUT: Mit viel Wasser und Seife waschen.

P303 + P361 + P353 BEI KONTAKT MIT DER HAUT (oder dem Haar): Alle kontaminierten Kleidungsstücke sofort ausziehen. Haut mit Wasser abwaschen/duschen.

P304 + P340 BEI EINATMEN: An die frische Luft bringen und in einer Position ruhig stellen, die das Atmen erleichtert.

P304 + P341 BEI EINATMEN: Bei Atembeschwerden an die frische Luft bringen und in einer Position ruhig stellen, die das Atmen erleichtert.

P305 + P351 + P338 BEI KONTAKT MIT DEN AUGEN: Einige Minuten lang behutsam mit Wasser spülen. Vorhandene Kontaktlinsen nach Möglichkeit entfernen. Weiter spülen.

P306 + P360 BEI KONTAKT MIT DER KLEIDUNG: Kontaminierte Kleidung und Haut sofort mit viel Wasser abwaschen und danach Kleidung ausziehen.

P307 + P311 BEI Exposition: GIFTINFORMATIONSZENTRUM oder Arzt anrufen.

P308 + P313 BEI Exposition oder falls betroffen: Ärztlichen Rat einholen/ärztliche Hilfe hinzuziehen.

P309 + P311 BEI Exposition oder Unwohlsein: GIFTINFORMATIONSZENTRUM oder Arzt anrufen.

P332 + P313 Bei Hautreizung: Ärztlichen Rat einholen/ärztliche Hilfe hinzuziehen.

P333 + P313 Bei Hautreizung oder -ausschlag: Ärztlichen Rat einholen/ärztliche Hilfe hinzuziehen.

P335 + P334 Lose Partikel von der Haut abbürsten. In kaltes Wasser tauchen/nassen Verband anlegen.

P337 + P313 Bei anhaltender Augenreizung: Ärztlichen Rat einholen/ärztliche Hilfe hinzuziehen.

P342 + P311 Bei Symptomen der Atemwege: GIFTINFORMATIONSZENTRUM oder Arzt anrufen.

P370 + P376 Bei Brand: Undichtigkeit beseitigen, wenn gefahrlos möglich.

P370 + P378 Bei Brand: ... zum Löschen verwenden.

P370 + P380 Bei Brand: Umgebung räumen.

P370 + P380 + P375 Bei Brand: Umgebung räumen. Wegen Explosionsgefahr Brand aus der Entfernung bekämpfen.

P371 + P380 + P375 Bei Großbrand und großen Mengen: Umgebung räumen. Wegen Explosionsgefahr Brand aus der Entfernung bekämpfen.

Sicherheitshinweise – Aufbewahrung

P401 ... aufbewahren.

P402 An einem trockenen Ort aufbewahren.

P403 An einem gut belüfteten Ort aufbewahren.

P404 In einem geschlossenen Behälter aufbewahren.

P405 Unter Verschluss aufbewahren.

P406 In korrosionsbeständigem/... Behälter mit korrosionsbeständiger Auskleidung aufbewahren.

P407 Luftspalt zwischen Stapeln/Paletten lassen.

P410 Vor Sonnenbestrahlung schützen.

P411 Bei Temperaturen von nicht mehr als ... °C aufbewahren.

P412 Nicht Temperaturen von mehr als 50 °C aussetzen.

P413 Schüttgut in Mengen von mehr als ... kg bei Temperaturen von nicht mehr als ... °C aufbewahren.

P420 Von anderen Materialien entfernt aufbewahren.

P422 Inhalt in ... aufbewahren.

P402 + P404 In einem geschlossenen Behälter an einem trockenen Ort aufbewahren.

P403 + P233 Behälter dicht verschlossen an einem gut belüfteten Ort aufbewahren.

P410 + P403 Vor Sonnenbestrahlung geschützt an einem gut belüfteten Ort aufbewahren.

P410 + P412 Vor Sonnenbestrahlung schützen und nicht Temperaturen von mehr als 50 °C aussetzen.

P411 + P235 Kühl und bei Temperaturen von nicht mehr als ... °C aufbewahren.

Sicherheitshinweise – Entsorgung

P501 Inhalt/Behälter ... zuführen.

Entsorgungsratschläge (E-Sätze)

E1 Verdünnen, in den Ausguss geben (WGK 0 bzw. 1)

E2 Neutralisieren, in den Ausguss geben

E3 In den Hausmüll geben, gegebenenfalls im Polyethylenbeutel (Stäube)

E4 Als Sulfid fällen

E5 Mit Calcium-Ionen fällen, dann E1 oder E3

E6 Nicht in den Hausmüll geben

E7 Im Abzug entsorgen

E8 Der Sondermüllbeseitigung zuführen (Adresse zu erfragen bei der Kreis- oder Stadtverwaltung), Abfallschlüssel beachten

E9 Unter größter Vorsicht in kleinsten Portionen reagieren lassen (z. B. offen im Freien verbrennen)

E10 In gekennzeichneten Behältern sammeln:
1. „Organische Abfälle – halogenhaltig"
2. „Organische Abfälle – halogenfrei"

E11 Als Hydroxid fällen (pH = 8), den Niederschlag zu E8

E12 Nicht in die Kanalisation gelangen lassen

E13 Aus der Lösung mit unedlem Metall (z. B. Eisen) als Metall abscheiden (E14, E3)

E14 Recycling-geeignet (Redestillation oder einem Recyclingunternehmen zuführen)

E15 Mit Wasser vorsichtig umsetzen, frei werdende Gase absorbieren oder ins Freie ableiten

E16 Entsprechend den speziellen Ratschlägen für die Beseitigungsgruppen beseitigen

143

Liste der Gefahrstoffe nach der GHS-Verordnung

Gefahrstoff	Signal-wort	Piktogrammcode	H-Sätze und EUH-Sätze	E-Sätze
Aceton (Propanon)	Gefahr	GHS02, GHS07	H225, H319, H336, EUH066	1-10-14
Aluminium, Grieß	Gefahr	GHS02	H261	6-9
Aluminium, Pulver (stabilisiert)	Gefahr	GHS02	H261, H228	6-9
Aluminiumchlorid, wasserfrei	Gefahr	GHS05	H314	2
Ameisensäure (Methansäure), $\omega \geq 90\,\%$, $10\,\% \leq \omega < 90\,\%$, $2\,\% \leq \omega < 10\,\%$	Gefahr Gefahr Achtung	GHS05, GHS05, GHS07	H314, H314, H315, H319	1-10 1-10 1-10
Ammoniak, wasserfrei	Gefahr	GHS04, GHS06, GHS05, GHS09	H221, H331, H314, H400	2-7
Ammoniaklösung, $10\,\% \leq \omega < 25\,\%$, $5\,\% \leq \omega < 10\,\%$	Gefahr Achtung	GHS05, GHS07	H314, H315, H319, H335	2 2
Ammoniumchlorid	Achtung	GHS07	H302, H319	2
Bariumchlorid	Gefahr	GHS06	H301, H332	1-3
Bariumchloridlösung, $3\,\% \leq \omega < 25\,\%$	Achtung	GHS07	H302	1
Bariumhydroxid	Gefahr	GHS05, GHS07	H302, H314, H332	1-3
Bariumhydroxid-8-Wasser	Gefahr	GHS05, GHS07	H302, H314, H332	1-3
Bariumoxid	Achtung	GHS07	H302, H315, H319, H332	1-3
Benzoesäure	Achtung	GHS07	H302, H319	10-12
Blei(II)-acetat	Gefahr	GHS08, GHS09	H360Df, H373, H410	8-14
Brennspiritus (Ethanol)	Gefahr	GHS02	H225	1-10
Brom	Gefahr	GHS06, GHS05, GHS09	H330, H314, H400	16
Bromthymolblaulösung (ethanolisch), $\omega = 0,1\,\%$	Gefahr	GHS02	H225	10
Bromwasser, $1\,\% \leq \omega < 5\,\%$	Gefahr	GHS06	H311, H330	16
Bromwasserstoff	Gefahr	GHS04, GHS05, GHS07	H314, H335	2
n-Butan	Gefahr	GHS02, GHS04	H220	7
Butan-1-ol	Gefahr	GHS02, GHS05, GHS07	H226, H302, H335, H315, H318, H336	7
Butansäure (Buttersäure)	Gefahr	GHS05	H314	10
Calcium	Gefahr	GHS02	H261	15
Calciumchlorid	Achtung	GHS07	H319	1
Calciumhydroxid	Gefahr	GHS05	H318	2
Calciumoxid	Gefahr	GHS05	H318	2
Chlor	Gefahr	GHS06, GHS09	H331, H319, H335, H315, H400	16
Chlorwasser, gesättigt, $\omega \approx 0,7\,\%$	Achtung	GHS07	H332	16
Chlorwasserstoff	Gefahr	GHS04, GHS06, GHS05	H331, H314	2
Citronensäure	Achtung	GHS07	H319	3
Eisen(III)-chlorid	Gefahr	GHS05, GHS07	H302, H315, H318	2
Eisen(II)-sulfat	Achtung	GHS07	H302, H319, H315	2
Eisen(II)-sulfatlösung, $\omega \geq 25\,\%$	Achtung	GHS07	H302, H319, H315	2
Essigessenz	Gefahr	GHS05	H314	2-10
Essigsäure (Ethansäure), $\omega \geq 90\,\%$, $25\,\% \leq \omega < 90\,\%$, $10\,\% \leq \omega < 25\,\%$	Gefahr Gefahr Achtung	GHS02, GHS05 GHS05, GHS07	H226, H314, H314, H319, H315	2-10 2-10 2-10
Essigsäureethylester (Ethylacetat)	Gefahr	GHS02, GHS07	H225, H319, H336, EUH066	10-12

Gefahrstoff	Signal-wort	Piktogrammcode	H-Sätze und EUH-Sätze	E-Sätze
Ethanal (Acetaldehyd)	Gefahr	GHS02, GHS08, GHS07	H224, H351, H319, H335	9-10-12-16
Ethanallösung (Acetaldehydlösung), $\omega \geq 10\%$	Achtung	GHS08, GHS07	H351, H319, H335	9-10-12-16
Ethanol (Brennspiritus)	Gefahr	GHS02	H225	1-10
Ethen (Ethylen)	Gefahr	GHS02, GHS04, GHS07	H220, H336	7
Ethin (Acetylen)	Gefahr	GHS02, GHS04	H220, EUH006	7
Fehling'sche Lösung II	Gefahr	GHS05	H314	2
Formaldehydlösung s. Methanallösung				
n-Heptan	Gefahr	GHS02, GHS08, GHS07, GHS09	H225, H304, H315, H336, H410	10-12
n-Hexan	Gefahr	GHS02, GHS08, GHS07, GHS09	H225, H361f, H304, H373, H315, H336, H411	10-12
Hexan-1-ol	Achtung	GHS07	H302	10
Iod	Achtung	GHS07, GHS09	H332, H312, H400	1-16
Iodwasserstoff	Gefahr	GHS04, GHS05	H314	1
Kaliumcarbonat	Achtung	GHS07	H302, H319, H315, H335	1
Kaliumhydroxid (Ätzkali)	Gefahr	GHS05, GHS07	H302, H314	2
Kaliumhydroxidlösung (Kalilauge), $\omega \geq 5\%$, $2\% \leq \omega < 5\%$, $0{,}5\% \leq \omega < 2\%$	Gefahr Gefahr Achtung	GHS05, GHS07, GHS05 GHS07	H302, H314, H314, H319, H315	2 2 2
Kaliumnitrat	Gefahr	GHS03	H271	1
Kaliumnitrit	Gefahr	GHS03, GHS06, GHS09	H272, H301,H400	1-16
Kaliumpermanganat	Gefahr	GHS03, GHS07, GHS09	H272, H302, H410	1-6
Kaliumpermanganatlösung, $\omega \geq 25\%$	Gefahr	GHS07, GHS09	H302, H410	1-6
Kohlenstoffmonooxid	Gefahr	GHS02, GHS04, GHS06, GHS08	H220, H360D, H331, H372	7
Kupfer(II)-chlorid	Gefahr	GHS06	H301, H319, H315, H335	11
Kupfer(II)-chloridlösung, $3\% \leq \omega < 25\%$	Achtung	GHS07	H302	11
Kupfer(I)-oxid	Achtung	GHS07, GHS09	H302, H410	8-16
Kupfer(II)-oxid	Achtung	GHS07	H302	8-16
Kupfer(II)-sulfat, wasserfrei	Achtung	GHS07, GHS09	H302, H319, H315, H410	11
Kupfer(II)-sulfat-5-Wasser	Achtung	GHS07, GHS09	H302, H319, H315, H410	11
Kupfer(II)-sulfatlösung, $\omega \geq 25\%$	Achtung	GHS07, GHS09	H302, H319, H315, H410	11
Lithium	Gefahr	GHS02, GHS05	H260, H314, EUH014	15-1
Lithiumchlorid	Achtung	GHS07	H302, H319, H315	1
Magnesium, Pulver (phlegmatisiert)	Gefahr	GHS02	H228, H261, H252	3
Magnesium, Späne	Gefahr	GHS02	H228, H261, H252	3
Mangan(IV)-oxid (Braunstein)	Achtung	GHS07	H332, H302	3
Methan	Gefahr	GHS02, GHS04	H220	7
Methanallösung (Formaldehydlösung), $\omega \geq 25\%$, $5\% \leq \omega < 25\%$, $0{,}2\% \leq \omega < 5\%$	Gefahr Gefahr Gefahr	GHS06, GHS08, GHS05, GHS06, GHS08, GHS06, GHS08	H351, H331, H311, H301, H314, H317, H335, H351, H331, H311, H301, H319, H315, H317, H335, H351, H331, H311, H301, H317	10-12-16 1-10 1-10
Methanol	Gefahr	GHS02, GHS06, GHS08	H225, H331, H311, H301, H370	1-10

Gefahrstoff	Signal-wort	Piktogrammcode	H-Sätze und EUH-Sätze	E-Sätze
Methansäuremethylester (Methylformiat)	Gefahr	GHS02, GHS07	H224, H332, H302, H319, H335	10-12
Natrium	Gefahr	GHS02, GHS05	H260, H314, EUH014	6-12-16
Natriumcarbonat	Achtung	GHS07	H319	1
Natriumhydroxid (Ätznatron)	Gefahr	GHS05	H314	2
Natriumhydroxidlösung (Natronlauge), $\omega \geq 5\%$, $2\% \leq \omega < 5\%$, $0,5\% \leq \omega < 2\%$	Gefahr Gefahr Achtung	GHS05, GHS05, GHS07	H314, H314, H315	2 2 1
Natriumnitrat	Gefahr	GHS03	H271	1
n-Octan	Gefahr	GHS02, GHS08, GHS07, GHS09	H225, H304, H315, H336, H410	10-12
Oxalsäure	Achtung	GHS07	H312, H302	5
Oxalsäurelösung, $\omega \geq 5\%$	Achtung	GHS07	H312, H302	5
Ozon	Gefahr	GHS04, GHS05, GHS07	H280, H314, H319, H335	7
Pentan-1-ol	Achtung	GHS02, GHS07	H226, H332	10-14
Petroleum	Gefahr	GHS02, GHS08	H226, H304	10-12
Petroleumbenzin	Gefahr	GHS02	H225	10-12
Phenolphthaleinlösung (ethanolisch), $\omega > 1\%$	Gefahr	GHS02	H225	1-10
Phosphorsäure $\omega \geq 25\%$, $10\% \leq \omega < 25\%$	Gefahr Achtung	GHS05, GHS07	H314, H319, H315	2 1
Propan	Gefahr	GHS02, GHS04	H220	7
Propanal	Gefahr	GHS02, GHS07	H225, H319, H335, H315	9-10-12-16
Propan-1-ol	Gefahr	GHS02, GHS05, GHS07	H225, H318, H336	10
Propan-2-ol	Gefahr	GHS02, GHS07	H225, H319, H336	10
Propansäure (Propionsäure), $10\% \leq \omega < 25\%$	Achtung	GHS07	H319, H315, H335	2
Rohöl (synthetisch)	Gefahr	GHS02, GHS08, GHS07, GHS09	H224, H304, H315, H336, H351, H411	10-12
Salpetersäure, $\omega \geq 65\%$, $20\% \leq \omega < 65\%$, $5\% \leq \omega < 20\%$	Gefahr Gefahr Gefahr	GHS03, GHS05 GHS05, GHS05	H272, H314, H314, H314	2 2 2
Salzsäure, $\omega \geq 25\%$, $10\% \leq \omega < 25\%$	Gefahr Achtung	GHS05, GHS07, GHS07	H314, H335, H315, H319, H335	2 2
Sauerstoff	Gefahr	GHS03, GHS04	H270	
Schiffs Reagenz	Achtung	GHS07	H319, H335	2
Schwefel	Achtung	GHS07	H315	3
Schwefeldioxid	Gefahr	GHS04, GHS06, GHS05	H331, H314	7
Schwefelsäure $\omega \geq 15\%$, $5\% \leq \omega < 15\%$	Gefahr Achtung	GHS05, GHS07	H314, H319, H315	2 2
Schwefelwasserstoff	Gefahr	GHS02, GHS04, GHS06, GHS09	H220, H330, H400	2-7
Schwefelwasserstofflösung, $0,1\% \leq \omega \leq 1\%$	Achtung	GHS07	H332	2
Schweflige Säure, $5\% \leq \omega \leq 10\%$	Achtung	GHS07	H319, H3159, H335	2
Silbernitrat	Gefahr	GHS03, GHS05, GHS09	H272, H314, H410	12-13-14

Gefahrstoff	Signal-wort	Piktogrammcode	H-Sätze und EUH-Sätze	E-Sätze
Silbernitratlösung, $5\% \leq \omega \leq 10\%$	Achtung	GHS07	H319, H315	12-13-14
Silberoxid	Gefahr	GHS03, GHS05	H271, H318, EUH044	12-13-14
Stickstoffdioxid	Gefahr	GHS04, GHS03, GHS06, GHS05	H270, H330, H314	7
Stickstoffmonooxid	Gefahr	GHS04, GHS06	H280, H310, H330	7
Strontiumchlorid	Achtung	GHS07	H302	1-11
Wasserstoff	Gefahr	GHS02, GHS04	H220	7
Wasserstoffperoxidlösung, $\omega \geq 70\%$, $50\% \leq \omega < 70\%$, $35\% \leq \omega < 50\%$, $8\% \leq \omega < 35\%$, $5\% \leq \omega < 8\%$	Gefahr Gefahr Gefahr Gefahr Achtung	GHS03, GHS05, GHS07, GHS03, GHS05, GHS07, GHS05, GHS07, GHS05, GHS07, GHS07	H271, H332, H302, H314, H335, H272, H332, H302, H314, H335, H332,H302, H315, H318, H335, H332, H302, H318, H332, H302, H319	1-16 1-16 1 1 1
Zink, Pulver, Staub (stabilisiert)	Achtung	GHS09	H410	3
Zinkbromid	Gefahr	GHS05, GHS09	H314, H400, H410	1-11
Zinkchlorid	Gefahr	GHS05, GHS07, GHS09	H302, H314, H410	1-11
Zinkchloridlösung, $5\% \leq \omega < 10\%$	Achtung	GHS07	H319, H315	1-11
Zinkoxid	Achtung	GHS09	H410	3
Zinksulfat, wasserfrei	Gefahr	GHS05, GHS07, GHS09	H302, H318, H410	1-11
Zinn(II)-chlorid	Achtung	GHS07	H302, H315, H319, H335	1-11

Entsorgung von Chemikalienabfällen

Entsorge die Chemikalienreste nach den Experimenten in die folgenden Sammelbehälter:

Entsorgung von Chemikalienabfällen in Sammelbehältern:					
nicht gefährliche und wasserlösliche Chemikalien, z.B. Natrium-carbonat	nicht gefährliche und feste Chemikalien, z.B. Eisen, Indikatorpapier	Säuren und Laugen, z.B. Salzsäure, Natronlauge	giftige anorganische Chemikalien, z.B. Kupfersulfat	halogenfreie organische Chemikalien, z.B. Ethanol	halogenhaltige organische Chemikalien, z.B. Trichlor-methan
Abwasser nicht gefährliche, wasserlösliche Abfälle	Hausmüll nicht gefährliche, feste Abfälle	I Saure und alkalische Abfälle	II Giftige anorganische Abfälle	III Halogenfreie organische Abfälle	IV Halogenhaltige organische Abfälle

Die weitere Behandlung und Entsorgung bzw. Übergabe der Abfälle zur Sondermüllentsorgung erfolgt durch die Lehrerin bzw. durch den Lehrer.

Register

A

Abgase 112, 114, 115
Abgaskatalysatoren 112
Abgasreinigung 115
Absorber 104
ACHARD, F. 15
Additiv-Verfahren 115
Aktivierungsenergie 88,
  90, 91, 92
Aluminium 56, 57
Aminosäuren 24, 30
Ammoniak
  – Bau 94
  – Bildung und Zerfall 96
  – Eigenschaften 94
  – Herstellung 94
Ammoniaksynthese 94, 97
  – Reaktionsbedingungen
  95
Ammoniumnitrat 99
Ammoniumsalze 97
Amylopektin 16, 20
Amylose 16, 20
Anfertigen einer Mindmap
  77
Arbeiten in Projekten 118
Arbeiten mit Säuren und
  Laugen 29
Atombindung 48, 58, 60
  – polare 52
  – unpolare 50
Atome 48, 56, 60, 127
Avogadro-Konstante 81

B

Bewerten 109, 132
Bioethanol 14
biochemische Reaktionen
  110
biologische Oxidation 110
biogene Aminosäuren 24
Biokatalysatoren 90, 91
biologische Wertigkeit 9
Biuretreaktion 23
BOSCH, CARL 94
Branntkalk 106
Brot 18

C

Carbonat-Ionen 66
  – Nachweis 66
Carboxylatgruppe 41
Carboxylgruppe 24
chemische Bindung
  – Atombindung 48
  – Ionenbindung 48
  – Metallbindung 48
chemische Reaktion 76,
  130
  – Merkmale 78, 84, 132
  – Reaktionsarten 84
  – Reaktionsverlauf 78
Citronensäure 71

D

Dauerwellen 29
Denaturierung 28, 30
Desinfektionsmittel 29
Desonox-Verfahren 115
Dextrose 12
Dipeptid 25, 30
Dipol 52
Disaccharide 11
Dischwefelsäure 103
Doppel-Kontaktverfahren
  103, 104
Dreiwegekatalysator 114
Druck 89, 96
Dünger 97, 99, 100

E

Eigenschaften 49
Einfachzucker 11
Eiweiße 22, 26, 28, 30
  – Nachweis 23, 67
elektrische Leitfähigkeit
  49, 56
Elektronegativität 52, 58
Elektronengas 56
Elementsubstanzen 58, 59
Emulgator 36, 37
Emulsion 37
endotherme Reaktion 84
Energie 128
Energiereserve 32
Enzyme 18, 32, 90, 91
Enzym-Substrat-Komplex
  18, 91
Erklären 101
Ernährung 9, 10, 18
Ernährungspyramide 10
essenzielle Aminosäuren
  24
essenzielle Fettsäuren 34
exotherme Reaktion 84
Explosion 86

F

Fällungsreaktion 84, 86
Faltblattstruktur 27
FCKW 116, 117
Fette 32, 38, 40
  – feste 35
  – flüssige 35
  – Nachweis von Fetten
  33, 67
fette Öle 35
Fettfleckprobe 33, 67
Fettsäuren 33, 34, 38
  – Nachweis 35, 67

Filtrieren 96
Flammenfarbe
 – Metall-Ionen 66
Fotosynthese 12, 111
Frisör 29

G

Gedächtnis 77
Gegenstromprinzip 95
gesättigte Fettsäuren 34, 38
Gesetz von der Erhaltung der Masse 80
Getreideprodukte 17
Glucose 11, 12, 13, 17, 110, 111
 – Nachweis 13, 20, 67
Glycerol 33, 38
Glykogen 18
Grenzwerte
 – Stickoxide 113
Großfeuerungsanlagen 115

H

Haber-Bosch-Verfahren 95, 97
HABER, FRITZ 94
Halbmetall 82
Halbmetalle 59
Halogenalkane 116
Halone 116
Halogenid-Ionen
 – Nachweis 66
Hämoglobin 22
Heizwert 109
Helixstruktur 27
Hinreaktion 96
Hydrolyse 18, 32, 35

I

Invertzucker 14

K

Ionen 48, 60
Ionenbindung 48, 54, 58, 60
Ionensubstanzen 54, 58, 59

K

Kaliumnitrat 99
Kalkbrennen 106
Kalkseifen 42
Kartoffeln 17
Kartoffelpresssaft 91
Katalysator 90, 94, 102, 114
Kettenform 12, 20
Kohlenhydrate 10
 – Aufbau 11
Kochsalz 54, 55
Kontaktofen 104
Konzentration 96
Kreislaufprinzip 95
Kristalle
 – Bau 82

L

LAVOISIER, ANTOINE LAURENT 80
Lernen 77
LIEBIG, JUSTUS FREIHERR VON 100
Löslichkeit 49
Luftschadstoffe 112, 113, 114, 115, 119

M

magnetische Eigenschaften 49
Margarine 36
MARGGRAF, A. S. 15
Masse 80, 81
Massenberechnungen bei chemischen Reaktionen 81

Metallbindung 56, 60
Metalle 56, 59
Metallgitter 56
Metall-Ionen 56, 66
 – Nachweis 66
Methode
 – Anfertigen einer Mind-map 77
 – Arbeiten in Projekten 118
 – Begründe 132
 – Beobachte 132
 – Bewerte 109, 132
 – Definiere 133
 – Diskutiere 133
 – Erkläre 101, 133
 – Erläutere 133
 – Experimentiere 132
 – Interpretiere 132
 – Leite ab 133
 – Wandzeitung 119
 – Sage voraus 132
 – Vergleiche 133
Mikrochips 82
Mindestenergie 87, 88, 90, 92
Mindmap 77
Minimumgesetz 100, 101
Minimumtonne 100
MITTASCH, ALWIN 94
Modell
 – Stoßtheorie 87
moderne Waschmittel 42
molare Masse 81
molares Volumen 81
Moleküle 48, 60
Molekülsubstanzen 50, 52, 58, 59
Monosaccharide 11, 12, 20

N

Nachweis 69
 – Bromid-Ionen 66
 – Carbonat-Ionen 66
 – Chlorid-Ionen 66
 – Eiweiße 23, 67

– Fette 33, 67
– Glucose 13, 67
– Halogenid-Ionen 66
– Hydroxid-Ionen 66
– Iodid-Ionen 66
– Mehrfachbindung 35, 67
– Metall-Ionen 66
– Nitrat-Ionen 99, 110, 111, 114, 115, 121
– Stärke 17, 67
– Sulfat-Ionen 66
– Wasserstoff-Ionen 66
Napoleon III. 36
Natriumchlorid 54, 55
Natriumnitrat 99
Neutralisationsreaktion 84
Nichtmetalle 59
Nitrate 98
Nitrat-Ionen 98, 101
– Nachweis 99, 120

O

Oberflächenspannung 40
Öl-in-Wasser-Emulsion 37
Omega-Fettsäuren 34
Ozon 113, 114
Ozonloch 116, 117
Ozonwarnungen 113

P

Pasteurisieren 28
Peptide 30
Peptidbindung 25
Peptidgruppe 25
Periodensystem der Elemente 60
Pflanzenfette 35
pH-neutral 42
Polypeptide 25, 26
Polysaccharide 11, 13, 16
Primärstruktur 26, 27
Proteine 22

Q

Quartärstruktur 26, 27

R

Reaktionsarten
– Fällungsreaktion 84
– Neutralisationsreaktion 84
– Redoxreaktion 84
Reaktionsbedingungen 96, 103
Reaktionsgeschwindigkeit 86, 90, 92
– Beeinflussung durch die Teilchenzahl 89, 92
– Beeinflussung durch Katalysatoren 90, 91, 92
– Beeinflussung durch Wärme 88, 92
Redoxreaktion 84
Reinstoffe 59
Ringform 12, 20
Ringprobe 99
Rohrreiniger 73
Rohrzucker 14, 15
Rosenwasser 9, 47
Rost 86
Rübenzucker 14, 15
Rückreaktion 96
Runkelrübe 15

S

Saccharose 14, 15
Säure
– Citronensäure 71
– Schwefelsäure 102
saure Lösungen 71
saurer Regen 114, 119
Schmelztemperatur 49
Schwefeldioxid 102
Schwefelsäure
– Herstellung 102, 104
– technische Herstellung 104
Schwefeltrioxid
– Bau 103
– Bildung und Zerfall 102
– Eigenschaften 103
– Formel 103
Seifen 40, 42
Sekundärstruktur 26, 27
Siedetemperatur 49
Silbernitrat 99
Silicium
– Eigenschaften 82
– Herstellung 83
– Struktur 82
– Verwendung 82
Sommersmog 113
Stahl 105
Stärke 16, 17, 18, 19
– Nachweis 17, 20, 67
Steckbrief
– Saccharose 14
– Stärke 16
– Traubenzucker 12
sterilisiert 28
Stickoxide 112, 114
Stickstoffdioxid 112, 114
Stickstoffmonooxid 112, 114
Stoffe
– Eigenschaften 49
– Einteilung 59
– Zusammenhang Struktur-Eigenschaften 48
Stoffe und Teilchen 126
Stoffgemische 59
Stoffmenge 80, 81
Stoffportionen 80, 81
Stoffumsatz 80
Stoßtheorie 87
Struktur 26
Struktur und Eigenschaften 48, 51, 53, 55, 57, 126, 127
Sulfat-Ionen 66
– Nachweis 66

T

technische Herstellung
  von Schwefelsäure 104
Teilchen
  – Atome 48
  – Ionen 48
  – Moleküle 48
Teilchenanzahl 81
Temperatur 96
Tenside 42
Tertiärstruktur 26, 27
tierische Fette 35
Traubenzucker 9, 11, 12,
  13, 17, 110, 111
Treibhausgase 117

U

Überdüngung 100, 101
Übergewicht 32
Umwelt 43
Umweltverträglichkeit 43
ungesättigte Fettsäuren
  34, 38
unvollständiger Stoffum-
  satz 96

V

Verbindungen 59
Verbrennungsofen 104
Verdauung 29
Verhalten 77
Verseifung 40
Vielfachzucker 11
Vollmilch 37
Volumen 80, 81
Volumenberechnungen
  bei chemischen Reakti-
  onen 81

W

Wärmeaustausch 95
Wärmeleitfähigkeit 49
Waschmittel 42
Waschvorgang 41
Waschwirkung 40
Wasser 52, 53
Wasser-in-Öl-Emulsion 37
Wasserstoff 50, 51
wirksamer Zusammenstoß
  87

X

Xanthoproteinreaktion
  23, 67

Z

Zellatmung 13, 110
Zucker 10
Zuckergewinnung 15, 110
Zweifachzucker 11

Bildquellenverzeichnis

adpic Bildagentur/R. Maaßen: 119/1; Arghan, Z., Berlin : 17/1, 47/3, 57/3, 67/3, 120/1, 125/4; Arttoday : 85/1; AVA Abfallverwertung Augsburg GmbH: 120/2; BackArts GmbH: 56/1, 65/4; Bahro, K., Berlin : 65/3; BASF/Ludwigshafen : 125/3; Bayer AG : 74/1, 95/1, 97/2; Bayer AG/Agrarzentrum : 100/1; Bibliographisches Institut GmbH, Berlin: 76/2; Biedermann, A., Berlin : 71/1, 77/1; Bundesumweltministerium : 75/3; Bussen, J., Berlin: 64/1; Corbis: 139/1, Marielle/photocuisine: 65/5, Olivier Polet : 47/5; Corel Photos : 98/1, 62/1, 48/3, 83/1; Cornelsen Experimenta : 77/2, 78/1, 131/2; Dextro Energy GmbH & Co. KG : 9/2; DLR, Deutsches Zentrum für Luft- und Raumfahrt e.V. : 116/2; Döring, V., Hohen Neuendorf : 46/1, 55/3, 96/1; Ernst, D., Berlin : 63/2; Fotolia : 14/1, Anton Balazh: 129/2, bpstocks: 58/1, ctacik: 138/1, D. Dryashkin: 17/2, david hughes: 75/2, Edyta Pawlowska : 124/1, eldadcarin : 47/2, Falk Kienas : 109/1, Irina Tischenko : 127/1, Klaus Ohlenschlaeger : 47/1, Leonid Nyshko : 12/2, photocrew: 32/1, Thomas Lammeyer: 86/3, Tobilander: 25/1, V. Semenov : 86/4, www.ingo-bartussek.de : 82/1; Grimm, T., Berlin : 86/5; IBM/Don Eigler : 75/1; IMA, Hannover : 97/1; iStockphoto: 35/1, 42/1, 65/2, 77/3, A. Johnson : 48/1, A. Thaysen : 88/1, Alexei Zaycev: 40/3, CAMERON WHITMAN : 130/2, D. Diederich : 125/1, Dušan Kostić : 28/2, Emin Ozkan : 30/1, Emin Ozkan : 86/7, gioadventures: 113/1, GMVozd : 128/1, Huriye Akinci Iriyari : 129/1, Jim DeLillo : 88/2, Julius Fekete : 86/6, L. Panek : 31/1, Liudmila Chernova: 65/1, Pauline S Mills : 32/2, pierredesvarre: 120/3, robynmac : 40/1, Sarah Salmela : 125/2, schweitzer : 75/4, YinYang : 126/1; Jantzen, F., Bad Arolsen: 137/1, 137/2, 137/3; Kaiser, PD Dr. B., TU, Darmstadt : 48/4; Keller, G., München : 94/1, 94/2, 94/3 Liesenberg, G., Berlin: 120/4; Mahler, Fotograf, Berlin: 12/1, 18/1, 20/1, 20/2, 21/2, 22/1, 31/2, 34/1, 37/1, 38/1, 40/2, 44/1, 44/2, 45/1, 48/2, 53/2, 54/1, 55/1, 55/2, 57/2, 63/3, 66/1, 66/2, 66/3, 66/4, 66/5, 66/6, 66/7, 67/1, 67/2, 67/4, 67/5, 70/1, 70/2, 70/3, 70/4, 72/1, 77/5, 78/2, 79/2, 80/1, 80/2, 80/3, 81/1, 84/2, 84/3, 86/1, 86/2, 91/1, 91/2, 92/1, 92/2, 92/3, 92/4, 99/1, 100/2, 101/1, 102/2, 102/1, 104/1, 112/1, 125/5, 126/2, 130/1, 135/1; mauritius images: Manfred Habel: 93/1, Pedro Perez : 27/1, Stock Image : 108/2, The Copyright Group : 10/1; Meyer, L. Prof. Dr., Potsdam : 83/3; Mundt, Arne: 39/1; Naturfotografie Frank Hecker : 136/1; Panthermedia: Anna Reinert : 38/2, Werner Heiber : 116/1; Photo Disc Inc. : 53/1, 59/1, 76/1, 84/1, 131/1, 134/1, 112/2; Retzlaff-Fürst, Caroline, Rostock : 110/1; Ruhmke, S., Berlin : 8/1, 24/1, 24/2, 24/3, 43/1, 59/2, 132/1; Schuchardt, W., Göttingen : 79/1, 79/3 Shutterstock: Dean Bertoncelj : 29/1, mast3r : 9/1, Miro Novak: 45/2, Petrenko Andriy : 28/1, shelgachev : 57/1, Shkvarko : 27/2, wavebreakmedia: 6/1; Technorama, www.technorama.ch : 51/1; Universität Bremen, Fachgebiet Mineralogie: 47/4, 61/1, 63/1; Wacker Siltronic AG Burghausen : 82/1, 83/2; Werkfoto Lurgi : 108/1; wgm, Bonn : 61/2; Wöhlbrandt, B.: 72/2, 77/4

Titelbild: Fotolia/pholidito

Periodensystem der Elemente

Hauptgruppe

Periode	I	II		III	IV	V	VI	VII	VIII
	H 1)								**He** 2 4,00 Helium
1	1 1,008 **H** 2,1 Wasserstoff								
2	3 6,94 **Li** 1,0 Lithium	4 9,01 **Be** 1,5 Beryllium		5 10,81 **B** 2,0 Bor	6 12,01 **C** 2,5 Kohlenstoff	7 14,007 **N** 3,0 Stickstoff	8 15,999 **O** 3,5 Sauerstoff	9 18,998 **F** 4,0 Fluor	10 20,18 **Ne** Neon
3	11 22,99 **Na** 0,9 Natrium	12 24,31 **Mg** 1,2 Magnesium		13 26,98 **Al** 1,5 Aluminium	14 28,09 **Si** 1,8 Silicium	15 30,97 **P** 2,1 Phosphor	16 32,06 **S** 2,4 Schwefel	17 35,45 **Cl** 3,0 Chlor	18 39,95 **Ar** Argon
4	19 39,10 **K** 0,8 Kalium	20 40,08 **Ca** 1,0 Calcium		31 69,72 **Ga** 1,6 Gallium	32 72,59 **Ge** 1,8 Germanium	33 74,92 **As** 2,0 Arsen	34 78,96 **Se** 2,4 Selen	35 79,90 **Br** 2,8 Brom	36 83,80 **Kr** Krypton
5	37 85,47 **Rb** 0,8 Rubidium	38 87,62 **Sr** 1,0 Strontium		49 114,82 **In** 1,7 Indium	50 118,69 **Sn** 1,8 Zinn	51 121,75 **Sb** 1,9 Antimon	52 127,60 **Te** 2,1 Tellur	53 126,90 **I** 2,5 Iod	54 131,30 **Xe** Xenon
6	55 132,91 **Cs** 0,7 Caesium	56 137,33 **Ba** 0,9 Barium		81 204,37 **Tl** 1,8 Thallium	82 207,2 **Pb** 1,8 Blei	83 208,98 **Bi** 1,9 Bismut	84 [209] **Po*** 2,0 Polonium	85 [210] **At*** 2,2 Astat	86 [222] **Rn*** Radon
7	87 [223] **Fr*** 0,7 Francium	88 [226] **Ra*** 0,9 Radium							

Nebengruppe

	III	IV	V	VI	VII	VIII			I	II
	21 44,96 **Sc** 1,3 Scandium	22 47,90 **Ti** 1,5 Titanium	23 50,94 **V** 1,6 Vanadium	24 51,996 **Cr** 1,6 Chromium	25 54,94 **Mn** 1,5 Mangan	26 55,85 **Fe** 1,8 Eisen	27 58,93 **Co** 1,8 Cobalt	28 58,70 **Ni** 1,8 Nickel	29 63,55 **Cu** 1,9 Kupfer	30 65,38 **Zn** 1,6 Zink
	39 88,91 **Y** 1,3 Yttrium	40 91,22 **Zr** 1,4 Zirconium	41 92,91 **Nb** 1,6 Niobium	42 95,94 **Mo** 1,8 Molybdän	43 [97] **Tc*** 1,9 Technetium	44 101,07 **Ru** 2,2 Ruthenium	45 102,91 **Rh** 2,2 Rhodium	46 106,4 **Pd** 2,2 Palladium	47 107,87 **Ag** 1,9 Silber	48 112,41 **Cd** 1,7 Cadmium
	57–71 Lanthanoide	72 178,49 **Hf** 1,3 Hafnium	73 180,95 **Ta** 1,5 Tantal	74 183,85 **W** 1,7 Wolfram	75 186,21 **Re** 1,9 Rhenium	76 190,2 **Os** 2,2 Osmium	77 192,22 **Ir** 2,2 Iridium	78 195,09 **Pt** 2,2 Platin	79 196,97 **Au** 2,4 Gold	80 200,59 **Hg** Quecksilber
	89–103 Actinoide	104 [261] **Rf*** Rutherfordium	105 [262] **Db*** Dubnium	106 [262] **Sg*** Seaborgium	107 [262] **Bh*** Bohrium	108 [262] **Hs*** Hassium	109 [266] **Mt*** Meitnerium	110 [281] **Ds*** Darmstadtium	111 [280] **Rg*** Roentgenium	

Lanthanoide

| 57 138,91 **La** 1,1 Lanthan | 58 140,12 **Ce** 1,1 Cerium | 59 140,91 **Pr** 1,1 Praseodymium | 60 144,24 **Nd** 1,1 Neodymium | 61 [145] **Pm*** 1,1 Promethium | 62 150,35 **Sm** 1,2 Samarium | 63 151,96 **Eu** 1,2 Europium | 64 157,25 **Gd** 1,2 Gadolinium | 65 158,92 **Tb** 1,2 Terbium | 66 162,50 **Dy** 1,2 Dysprosium | 67 164,93 **Ho** 1,2 Holmium | 68 167,26 **Er** 1,2 Erbium | 69 168,93 **Tm** 1,2 Thulium | 70 173,04 **Yb** 1,2 Ytterbium | 71 174,97 **Lu** 1,2 Lutetium |

Actinoide

| 89 [227] **Ac*** 1,1 Actinium | 90 232,04 **Th*** 1,1 Thorium | 91 231,04 **Pa*** 1,5 Protactinium | 92 238,03 **U*** 1,4 Uranium | 93 237,05 **Np*** 1,3 Neptunium | 94 [244] **Pu*** 1,3 Plutonium | 95 [243] **Am*** 1,3 Americium | 96 [247] **Cm*** 1,3 Curium | 97 [247] **Bk*** 1,3 Berkelium | 98 [251] **Cf*** 1,3 Californium | 99 [254] **Es*** 1,3 Einsteinium | 100 [257] **Fm*** 1,3 Fermium | 101 [258] **Md*** 1,3 Mendelevium | 102 [259] **No*** 1,3 Nobelium | 103 [260] **Lr*** 1,3 Lawrencium |

Legende

- **H** 1) : Gas
- **Br** 1) : Flüssigkeit
- **Mg** 1) : Feststoff
- : Nichtmetall
- : Halbmetall
- : Metall
- * : Alle Isotope dieses Elements sind radioaktiv.

Protonenzahl (Ordnungszahl)
Atommasse in u (u = 1,66·10^{-27} kg)
Elektronegativität
Elementsymbol
Elementname

5 10,81 **B** 2,0 Bor

[ ] Die umklammerten Werte für die Atommasse geben die Massenzahl des Isotops mit der größten Halbwertszeit an.

1) Aggregatzustand bei 25 °C (298 K) und 101,3 kPa